BIBLIOTHÈQUE

FRANÇAISE.

ABRÉGÉ

DE

L'HISTOIRE GÉNÉRALE

DES VOYAGES;

Par J.-F. LAHARPE.

TOME VINGT-SIXIÈME.

PARIS,

MÉNARD ET DESENNE, FILS.

1825.

ABRÉGÉ

DE

L'HISTOIRE GÉNÉRALE
DES VOYAGES.

CINQUIÈME PARTIE.

VOYAGES AUTOUR DU MONDE ET DANS LE GRAND OCÉAN.

LIVRE DEUXIÈME.

VOYAGES AUTOUR DU MONDE ET DANS LE GRAND OCÉAN, ENTREPRIS DEPUIS 1764.

Suite du CHAPITRE VII.

Second voyage du capitaine Cook.

« Je n'ai examiné que les statues gigantesques qui se trouvent près du lieu du débarquement : elles sont d'une pierre grise, la même en apparence que celle des plates-formes. Mais les personnes de mon équipage qui traversèrent l'île, et qui en observèrent beaucoup d'autres, pensaient que cette pierre diffère de toutes celles qu'ils ont vues dans le pays; elle leur parut factice. Nous avions peine à concevoir comment ces insulaires, qui ne connaissent en aucune manière la puissance de la mécanique, ont pu élever des masses si étonnantes, et ensuite placer au-dessus les grosses pierres cylindriques qui les surmontent. La seule méthode que je conçoive est d'élever peu à peu l'extrémité supérieure, en la soutenant avec des pierres à mesure qu'elle se hausse, et en bâtissant tout autour jusqu'à ce qu'elle soit dressée : ils feraient ainsi une sorte de colline ou d'échafaudage sur lequel ils rouleraient le cylindre pour le placer sur la tête de la statue, et ensuite ôteraient les pierres. Mais si la pierre est artificielle, les statues peuvent avoir été mises en place dans leur position actuelle, et le cylindre posé ensuite, en construisant tout autour un monticule comme je viens de le dire. De quelque manière qu'on les ait élevées, il a fallu un temps immense; ce qui montre assez l'industrie et la persévérance des insulaires au temps où on les a élevées; car les habitans actuels n'y ont certainement eu aucune part, puisqu'ils ne réparent pas même les fondemens de celles qui tombent en ruine. Ils leur donnent des noms différens, tels que *Gotomoara*, *Marapaté*, *Kanaro*, *Goouay-Tougou*, *Matta-Matta*, etc., etc., qu'ils font précéder du mot *moï*, et auxquels ils ajoutent quelquefois celui d'*eriki*. Le dernier signifie chef, et le premier, lieu où l'on enterre, lieu où l'on dort (du moins à ce que nous avons compris).

» Ces monumens singuliers, observe Forster, étant au-dessus des forces actuelles de la nation, sont vraisemblablement des restes d'un temps plus fortuné. Sept cents insulaires privés d'outils, d'habitations et de vêtemens, tout occupés du soin de trouver des alimens et de pourvoir à leurs premiers besoins, n'ont pas pu construire des plates-formes qui demanderaient des siècles de travail. En effet, nous n'avons pas remarqué, dans nos excursions, un seul instrument qui soit du moindre usage dans la maçonnerie ou la sculpture. Je n'y ai pas vu non plus de carrières récemment exploitées, ni aucune ébauche de statue qui pût passer pour l'ouvrage du temps présent. Il est donc très-probable que jadis ce peuple était plus nombreux, plus riche et plus heureux; qu'alors il avait du loisir pour flatter la vanité de ses princes en perpétuant leurs noms par des monumens durables. Les restes des plantations qu'on trouve sur le sommet des collines donnent un nouveau poids à cette conjecture. On ne peut pas déterminer par quels accidens divers une nation si florissante a pu déchoir et être réduite à l'état d'indigence où on la trouve aujourd'hui. Mais il est aisé d'imaginer plusieurs causes capables de produire cet effet;

la dévastation causée par un volcan suffirait
seule pour rassembler toutes les misères sur
des insulaires resserrés dans un si petit espace :
cette île, qui peut-être a jadis été produite par
un volcan, puisque toutes les roches y sont
volcaniques, a , suivant cette apparence, été
bouleversée par le feu. Les arbres, les plantes,
tous les animaux domestiques, et même une
grande partie de la nation, peuvent avoir péri
dans une de ces épouvantables convulsions de
la nature; la faim et la misère auront ensuite
poursuivi ceux qui échappèrent au feu.

» Toutes les femmes que nous avons vues
dans les différentes parties de l'île ne montent
pas à trente, quoique nous l'ayons traversée
presque d'un bout à l'autre; il n'est point du
tout probable qu'elles se fussent retirées dans
quelques lieux cachés. Si réellement il n'y a
pas plus de trente ou quarante femmes pour
six ou sept cents hommes, la nation doit s'é-
teindre en très-peu de temps, à moins que
nos principes de physique sur la pluralité des
maris ne soient erronés. La plupart de ces
femmes ne nous ont pas donné lieu de croire
qu'elles ne fréquentent qu'un seul époux : au
contraire, elles semblaient aussi débauchées
que Messaline et Cléopâtre. Mais cette dispro-
portion est un phénomène si singulier, qu'on a
peine à la croire, et je ne serais pas éloigné de
penser que réellement les deux sexes sont en
nombre égal. Quoique personne de notre
équipage n'ait observé de vallées ou de re-

traites où les femmes aient pu se soustraire à
nos regards pendant notre séjour, on rencontra néanmoins des cavernes dont les naturels
du pays refusèrent l'entrée. Les cavernes d'Is-
lande sont assez vastes pour contenir plusieurs
milliers d'habitans, et il est probable que,
dans une île également volcanique telle que
Ouaïhou, de pareilles cavernes pourraient
servir d'asile à un grand nombre d'insulaires.
Nous ne savons pas pourquoi les habitans de
l'île de Pâques sont plus jaloux de leurs femmes
que les Taïtiens. Leurs craintes à notre égard
n'étaient pas mal fondées; car la conduite des
matelots est insolente et immodeste partout où
ils jouissent de quelque supériorité sur les
peuples sauvages.

» Je dois dire, au reste, que nous avons
aperçu très-peu d'enfans; et si ce peuple jugeait à propos de soustraire ses femmes à nos
yeux, il n'y avait aucune raison de cacher les
enfans. Ce sujet reste ainsi dans l'obscurité;
et si réellement le nombre des femmes n'est
pas considérable, il doit avoir été diminué
par quelque accident extraordinaire que les
naturels seuls peuvent révéler. Notre ignorance
de la langue nous a privés de beaucoup d'é-
claircissemens.

» Outre les nombreux monumens d'antiquité, qu'on ne trouve que près de la côte de
la mer, on rencontre plusieurs petits tas de
pierres empilées en différens endroits le long
du rivage. Deux ou trois des pierres supérieu-

res de chaque pile étaient généralement
blanches; peut-être qu'elles le sont toujours
ainsi quand le tas est complet. Sûrement
ces tas ont quelque objet : il est probable
qu'ils indiquent les endroits où des morts ont
été enterrés, et qu'ils tiennent lieu des grandes
statues.

» Les outils de ce peuple sont très-mauvais,
et, comme ceux de tous les autres insulaires de
cette mer, composés de pierres, d'os et de coquillages, etc. ; ils attachent peu de prix au
fer et aux ouvrages de ce métal; ce qui est
extraordinaire, car ils en connaissent l'usage;
mais on peut conjecturer de là qu'ils n'en ont
pas un grand besoin.

» Enfin, en supposant que les volcans ont
bouleversé depuis peu cette île, ses habitans
doivent plus exciter de pitié qu'aucun autre
pays moins civilisé, puisque, connaissant les
commodités, les aisances et le luxe de la vie,
le souvenir de ces biens doit leur en rendre la
perte plus sensible. Oedidi déplorait souvent
leur situation, et semblait prendre plus de part
à leurs maux qu'à ceux des Zélandais. Il ajouta
un autre bâton au paquet qui composait son
journal, et il grava dans sa mémoire cette observation sur l'île de Pâques, *Tata Maïtai,
Ouahennoua, Ééno*; « le peuple y est bon,
mais l'île est très-pauvre; » au lieu qu'à la Nouvelle-Zélande, il faisait plus de reproches aux
habitans qu'au pays. Ses sentimens étaient toujours humains, et ses idées toujours justes :

rien n'avait corrompu la bonté de son cœur et la droiture de son entendement.

» Le 16 mars 1774 on quitta cette île pour se rendre à celles des Marquésas, dans le cas où l'on n'en pourrait découvrir d'autres dans l'intervalle qui les sépare de l'île de Pâques.

» Tous ceux qui avaient fait de longues courses à travers cette île avaient le visage brûlé par le soleil; ils éprouvaient des douleurs extrêmes à mesure que la peau se levait. Le séjour à terre et le peu de végétaux qu'on y venait de prendre avaient rétabli la santé des scorbutiques; mais plusieurs éprouvèrent bientôt des rechutes, et se plaignirent de constipations et de maladies bilieuses, qui sont mortelles dans les climats chauds. Le chirurgien fut obligé de garder le lit; et, ce qu'il y eut de plus malheureux, les malades ne pouvaient pas manger de patates, parce qu'elles étaient trop venteuses pour leurs estomacs faibles.

» Le ciel en général fut serein, et la couleur de la mer d'un bel azur plus ou moins foncé, suivant celle du firmament. Les dauphins, les bonites et les requins, se montraient de temps en temps, ainsi que différens oiseaux qui se battaient avec les poissons volans. La chaleur du soleil, tempérée par le mouvement rapide de l'air, nous permettait, à notre grande satisfaction, de faire des promenades sur les ponts. Nous avions besoin de ces beaux jours pour ramener nos esprits défaillans : les végétaux de l'île de Pâques étaient déjà consommés;

il fallait manger des viandes salées , préparées depuis trois ans , et dont les sucs étaient entièrement détruits , ou se contenter de biscuit , si l'estomac ne pouvait pas digérer ces substances grossières. Comme tout le monde désirait la terre, nous consultions avec empressement les livres qui traitaient du voyage de Mendaña; les termes vagues qui expriment la distance des Marquésas au Pérou donnant une libre carrière à nos conjectures, chaque jour produisait de nouveaux calculs sur leur longitude. Nous passâmes cinq jours consécutifs sur les différentes positions que les géographes ont données à ces îles. Durant cette route , nous jouîmes de quelques soirées charmantes ; et le 3 avril , au coucher du soleil , nous observâmes en particulier que le ciel et les nuages étaient teints de différentes couleurs vertes. Frézier avait observé avant nous cette couleur, qui n'est point extraordinaire, si l'air est chargé de vapeurs, comme cela arrive souvent entre les tropiques. Le même jour nous prîmes un petit suceur qui s'était attaché à un poisson volant avec lequel nous avions amorcé un hameçon ; preuve que ces animaux ne sont pas toujours collés aux requins ; nous aperçûmes aussi un gros poisson de l'espèce des raies , appelé *diable de mer* par quelques auteurs; il ressemblait parfaitement à un autre qui avait frappé nos regards dans la mer Atlantique, le 1er. de septembre 1772. Le nombre des hirondelles de mer, des pailles-en-cul et des frégates, augmentaît autour de nous à mesure que nous avancions à l'ouest, et que nous approchions des îles que nous nous attendions à trouver.

» Je continuai, dit Cook, à faire route à l'ouest jusqu'au 6 avril, à quatre heures de l'après-midi, que, par 9° 20′ de latitude sud, et 138° 14′ de longitude ouest, nous découvrîmes une île dans l'ouest à la distance d'environ trois lieues. Deux heures après, nous en vîmes une autre qui semblait plus étendue que la première. J'arrivai sur celle-ci, et je marchai à petites voiles toute la nuit, ayant un temps pluvieux, variable, et des rafales, ce qui est assez commun dans cette mer, quand on est près d'une terre haute. Le lendemain au matin, à six heures, nous en aperçûmes une troisième. Je donnai ordre de gouverner entre les deux dernières : bientôt après nous en vîmes une quatrième encore plus à l'ouest. Nous étions alors bien assurés que c'étaient les Marquésas, découvertes par Mendaña, en 1595. La première île était une nouvelle découverte, et je la nommai *île de Hood*, d'après le jeune volontaire qui la montra le premier ; la seconde était celle de *San-Pédro* ; la troisième, *la Dominica* ; et la quatrième, *Santa-Christina*.

» *La Dominica*, la plus voisine de nous, était haute et montueuse ; sa partie nord-est paraissait escarpée et stérile ; mais nous observâmes plus au nord des vallées remplies d'arbres, et par-ci par-là quelques huttes. Comme la brume s'éclaircissait, nous vîmes plusieurs rochers escarpés semblables à des clochers, et des cimes déchirées entassées au centre de l'île; ce qui prouve que les volcans et les tremblemens de terre ont bouleversé la surface de ce pays. Toute la partie orientale offre une côte perpendiculaire fort élevée, couronnée de pics, déchiquetée par des ravins.

» Nous rangeâmes la côte sud-est sans trouver la moindre apparence de mouillage. Je traversai le canal entre la Dominique et Sainte-Christine en portant sur la dernière île, et je longeai la côte sud-est en cherchant le port de Mendaña. Nous dépassâmes plusieurs anses qui semblaient offrir un ancrage; mais un fort ressac brisait sur toutes les côtes. Quelques pirogues se détachèrent bientôt des rivages et nous suivirent.

» Nous remarquions des cantons agréables sur les deux îles, entre les fentes des montagnes; mais nous ne découvrions point de plaines pareilles à celles qui embellissent les îles de la Société. Cependant la côte de Sainte-Christine ranimait notre courage, et nous inspirait cette gaîté que ressentent tous les marins fatigués à l'aspect d'une campagne fertile. Les deux pointes de chaque anse, que nous dépassâmes, enfermaient une vallée boisée et couverte de plantations d'une charmante verdure. Nous voyions de toutes parts des habitans courir en contemplant notre vaisseau.

» Parvenus devant le port que nous cherchions, j'essayai d'y entrer; mais comme le

vent était contraire, et qu'il soufflait par rafales violentes de cette haute terre, l'un des grains
nous saisit au moment de la manœuvre, cassa
un de nos mâts; et avant d'avoir viré, nous
manquâmes d'être brisés contre les rochers,
sous le vent, ce qui m'obligea de porter au
large et de courir une bordée; je revins ensuite
vers la côte, et j'allai mouiller à l'entrée de la
baie. A l'instant, une douzaine de pirogues,
montées par une quarantaine d'insulaires, s'approcha de nous; mais il fallut beaucoup d'a-
dresse pour engager les hommes à venir le long
du bâtiment. Enfin une hache et des clous dé-
terminèrent une des pirogues à s'avancer au-
dessous de la galerie : tous les autres imitèrent
ensuite cet exemple, et ayant échangé des
fruits à pain et du poisson contre de petits
clous, etc., elles retournèrent à terre après le
coucher du soleil. Nous observâmes des amas
de pierres à l'avant des pirogues, et chaque
homme avait une fronde entortillée autour de
sa main.

» Quelques-unes des pirogues étaient doubles et portaient quinze hommes; d'autres, au
contraire plus petites, en contenaient de trois
à sept. Ils commencèrent par nous offrir des
racines d'éva (sans doute des symboles de paix),
comme aux îles de la Société et aux îles des
Amis : pour achever la cérémonie, nous ne
manquâmes pas de les attacher aux haubans.

» Dès le grand matin du 8, les insulaires
nous firent une seconde visite en plus grand

nombre que la veille ; ils nous vendirent du fruit à pain, des bananes et un petit cochon, pour des clous, des haches, etc. ; mais ils voulaient souvent garder nos marchandises sans rien donner en retour : je fus obligé de tirer un coup de fusil par-dessus la tête de l'un d'eux qui nous avait déjà trompé plusieurs fois. Ils se comportèrent ensuite avec plus d'honnêteté, et bientôt après quelques-uns montèrent à bord. Comme nous nous préparions alors à remorquer le vaisseau plus avant dans la baie, je m'embarquai sur un canot pour aller chercher un endroit où l'on pût commodément s'amarrer. Comme il y avait trop d'insulaires à bord, je dis aux officiers : « Vous devez bien » les guetter ; sans cette précaution ils com- » mettront des vols. » A peine fus-je dans le canot, qu'on me dit qu'ils avaient pris un des chandeliers de fer du passe-avant et qu'ils l'emportaient en fuyant ; j'ordonnai de faire feu sur la pirogue jusqu'à ce que je pusse l'atteindre avec la chaloupe, mais je défendis de tuer. Les insulaires faisaient trop de bruit pour que je fusse entendu, et le malheureux voleur fut tué au troisième coup. Deux autres qui l'accompagnaient se jetèrent à l'eau ; mais ils rentrèrent sur leur bord au moment où je m'en approchai : ils avaient jeté le chandelier à la mer. L'un d'eux, homme d'un âge mûr, vidait le sang et l'eau en poussant des éclats de rire convulsifs ; l'autre, un jeune homme d'environ quatorze ou quinze ans, jetait sur le mort un regard triste et abattu : nous eûmes par la suite lieu de croire que c'était son fils.

» Les insulaires, ajoute Forster, traînèrent la pirogue sur la côte à travers le ressac, et portèrent le mort dans les bois. Bientôt on entendit le son des tambours, et l'on vit un nombre considérable d'habitans rassemblés sur la grève et armés de piques et de massues : ils semblaient nous faire beaucoup de menaces. On ne peut s'empêcher de gémir sur le sort de ce malheureux tué si légèrement. On accuse de cruauté, et avec raison, les premiers conquérans de l'Amérique parce qu'ils traitaient les peuples de ce continent comme des animaux qu'il est permis de tuer pour son amusement, et combien d'insulaires du grand Océan ont péri par les armes des Européens dans le dix-huitième siècle ! Oedidi fondit en larmes quand il vit un homme assassiner un autre homme pour une pareille bagatelle : sa commisération doit faire rougir ces marins civilisés qui parlent si souvent d'humanité sans que leurs cœurs soient plus compatissans.

» Je suivis les insulaires dans la baie, dit Cook, et je persuadai à ceux d'une pirogue de venir le long de mon canot : je leur donnai des clous et d'autres choses, ce qui dissipa un peu leurs craintes. Après avoir examiné la baie et trouvé de l'eau douce (c'était ce dont nous avions le plus besoin), je retournai à bord, et on alla placer l'ancre. Il semble que les insulaires, connaissant alors l'effet de

nos armes à feu, devaient être intimidés; mais
dès que la chaloupe eut laissé tomber l'ancre,
deux hommes sur une pirogue quittèrent la
côte, saisirent la corde de la bouée, et entreprirent de la traîner à terre sans savoir à quoi
elle tenait. De peur qu'après avoir découvert
leur méprise ils n'enlevassent la bouée, on leur
tira un coup de fusil. La balle n'alla pas jusqu'à
eux, et ils n'y firent pas la moindre attention ;
mais une seconde ayant passé par-dessus leur
tête, ils abandonnèrent la bouée et s'enfuirent
vers le rivage. Pendant notre relâche, nous
n'eûmes pas occasion de tirer un autre coup
de fusil; ce dernier les frappa peut-être plus
que la mort de leur compatriote, parce qu'il
leur montra que l'éloignement ne les mettait
pas en sûreté : c'est du moins ce que nous ima-
ginâmes en les voyant dans la suite fort effrayés
à la vue de nos armes. Quelques vols qu'ils
commissent, je résolus de ne plus les punir,
parce que notre séjour parmi eux ne devait pas
être de longue durée. Le trouble et l'embarras
qu'ils nous causèrent nous retardèrent si long-
temps, qu'avant que nous fussions prêts à lever l'ancre, le vent s'accrut et souffla par rafales du dehors de la baie; de sorte qu'il fallut
amarrer plus fortement. Les insulaires se hasardèrent bientôt à revenir près de nous. Il y
avait sur la première pirogue qui s'avança un
homme qui semblait au-dessus du commun; il
s'approchait lentement avec un cochon sur son
épaule, et il prononçait quelques mots que

nous n'entendions pas. Dès qu'il fut le long de
la Résolution, je lui fis présent d'une hache et
de plusieurs autres choses : en retour, il me
donna son cochon, et je le déterminai enfin à
monter à bord où il resta peu de temps. Il fut
si bien reçu, que ceux des autres pirogues imitèrent son exemple, et les échanges se rétabli-
rent à l'instant.

» Sur ces entrefaites, j'allai à terre avec un
un détachement, les savans et Oedidi, pour
voir ce qu'on pouvait y faire : les insulaires
nous accueillirent d'une manière très-amicale,
et, comme s'il n'était rien arrivé, ils nous vendirent des fruits et des petits cochons; et après
avoir chargé la chaloupe d'eau, je retournai à
bord.

» Nous fûmes reçus, dit Forster, par plus de
cent insulaires armés de piques et de massues
dont ils n'essayèrent pas de faire usage : nous
les priâmes de s'asseoir; ils y consentirent sur-
le-champ. Leur prodiguant ensuite toutes les
marques possibles d'attachement et de bienveillance, nous essayâmes de justifier ce qui était
arrivé; nous leur dîmes que nous n'avions tiré
sur un de leurs compatriotes que parce qu'il
venait de nous voler; que nous désirions vivre
en bonne intelligence avec eux; que nous voulions seulement faire de l'eau, du bois, etc.,
et que nous leur donnerions des clous, des haches, etc. Nos raisonnemens spécieux les sédui-
sirent : ils semblaient persuadés que le mort
avait mérité d'être tué, et ils nous menèrent le

long de la grève à un ruisseau où l'on transporta ensuite des futailles.

» Nous n'aperçûmes aucune femme dans la
foule : elles s'étaient probablement retirées au
fond des montagnes à la première alarme.
Quelques hommes, qui paraissaient être les
conducteurs, étaient mieux armés et plus parés
que les autres, qui n'avaient pour vêtement
qu'un petit morceau d'étoffe autour des reins.
Ils étaient grands et très-bien faits : on n'en
voyait pas un seul gros et gras comme les Taïtiens, ni maigre ou rapetissé comme les habitans de l'île de Pâques. Le tatouage, qui couvrait presque entièrement le corps de ceux d'un
moyen âge, empêchait d'apercevoir l'élégance
de leurs formes; mais comme les jeunes gens
n'étaient pas encore tatoués, on voyait aisément qu'ils étaient extrêmement bien faits : la
plupart pourraient être mis à côté des plus fameux modèles de l'antiquité. Le teint de ces
jeunes insulaires n'était pas aussi brun que
celui des gens du peuple des îles de la Société;
mais les hommes faits paraissaient infiniment
plus noirs, à cause du tatouage dont les piqûres étaient disposées avec la plus grande régularité : les marques d'une jambe, d'un bras et
d'une joue, etc., correspondaient exactement
avec celles de l'autre. Elles ne représentaient
ni un animal, ni une plante; mais elles consistaient en taches, en spirales, raies, échiquiers et
lignes, qui offraient un aspect très-bigarré. La
physionomie de ces insulaires, agréable et ou-

verte, annonçait de la vivacité; ils avaient les yeux grands et noirs, les cheveux noirs aussi, bouclés et forts, si on en excepte un petit nombre qui les avaient de couleur cendrée. En général, leur barbe était peu fournie, à cause des cicatrices imprimées par le tatouage.

» En quittant le rivage, nous entrâmes dans les bois : je rassemblai des plantes, dont nous avions déjà vu la plupart aux îles de la Société. Comme nous ne voulions pas avancer beaucoup dans l'intérieur de l'île le premier jour, nos recherches ne s'étendirent pas au delà de la terre basse qui borde le rivage, et qui est entièrement inhabitée : nous trouvâmes cependant parmi les arbres des espaces carrés, enfermés par de grosses pierres, et d'une figure régulière. Nous apprîmes ensuite que c'étaient des fondations de maisons ; ce qui peut faire conjecturer que la mauvaise qualité du terrain leur a fait abandonner ces emplacemens, ou qu'ils ne les occupent qu'en certaines saisons. Tout ce canton était dénué de plantations, et couvert de grands arbres dont plusieurs paraissaient bons pour la charpente. Les naturels n'essayèrent point de nous arrêter, et nous dirigeâmes notre promenade à notre fantaisie. Une petite colline, revêtue d'une herbe longue qui montait jusqu'à notre ceinture, se prolonge en avant, et sépare cette grève d'une autre qui est au sud. Sur le côté septentrional de cette colline on trouve, à l'endroit indiqué par les navigateurs espagnols, une belle source d'eau limpide, qui, sortant du rocher, forme ensuite un petit bassin, puis coule dans la mer : près de cette source un ruisseau descend des hautes collines ; un second, plus considérable que le premier, se précipite au milieu de la grève (c'est là que nous remplîmes nos futailles) ; on en rencontre un troisième du côté du nord. Cette île est bien arrosée, ce qui est fort utile aux végétaux, ainsi qu'aux habitans. Nous retournâmes bientôt à la place du marché, et nous causâmes avec les naturels, qui témoignaient si peu de défiance, qu'ils changeaient leurs armes contre nos outils de fer. Ces armes étaient toutes de bois de casuarina (1) ; nous n'achetâmes que de simples piques d'environ huit ou dix pieds de long, ou des massues qui avaient communément un gros nœud à une extrémité.

» Dès qu'on eut dîné, le capitaine Cook renvoya les bateaux à l'aiguade, sous la protection d'une garde : à leur débarquement les insulaires s'enfuirent tous, excepté un homme qui pourtant semblait fort effrayé ; un ou deux autres revinrent ensuite, et on n'en vit pas un plus grand nombre après midi. Nous ne pouvions concevoir la raison de cette frayeur subite.

» Le 9, dès le grand matin, les canots allèrent faire de l'eau comme à l'ordinaire ; et nos gens n'aperçurent les naturels qu'au moment de leur retour. Après le déjeuner, le capitaine

(1) Les Taïtiens lui donnent le nom de *toa*, qui signifie *guerre*, parce qu'il fournit des instrumens de mort.

débarqua avec la garde, et les insulaires se pré-
cipitèrent en foule autour de lui. Mais, dès que
la garde fut descendue à terre, il eut toutes les
peines du monde à les empêcher de s'enfuir :
enfin leurs craintes se dissipèrent, et ils nous
vendirent des fruits et des cochons. Il paraît
qu'ils avaient pris la fuite la veille, parce qu'ils
ne le voyaient pas à la tête du détachement; et,
sans sa présence, ils se seraient également retirés.

» Vers midi, un chef, suivi de beaucoup de
monde, se rendit au lieu du débarquement : le
capitaine lui offrit toutes les bagatelles qu'il
avait; le sauvage, de son côté, donna quelques-uns des ornemens dont il était paré. Ces
échanges finis, il parut que la bonne intelligence régnait entre nous : ayant acheté assez de
fruits pour en charger deux canots, nous retournâmes dîner à bord, sans que le chef vou-
lût nous accompagner.

» Il portait un manteau d'écorce de mûrier,
pareille à l'étoffe de Taïti; il avait aussi un diadème, un hausse-col, des pendans d'oreilles,
enfin des touffes de cheveux autour des jambes.
On nous fit entendre que c'était le roi de toute
l'île, quoiqu'on ne lui témoignât pas beaucoup
de respect. Il nous dit qu'il s'appelait *Honou* (1), et qu'il était *he-ka-oï*, titre qui cor-
respond sans doute à l'éri de Taïti et à l'ériki

(1) Ce mot signifie *tortue* dans la langue de Taïti ; et il est
probable que ces peuples empruntent quelquefois leurs noms
de ceux des animaux, comme les habitans de l'Amérique
septentrionale. Le mot *o-tou*, nom du roi de Taïti, signifie
héron.

des îles des Amis. Il paraissait intelligent, doux et affable : sa figure était d'ailleurs très-expressive. Nous lui demandâmes le nom de son île et de celles des environs, et il nous répondit que Sainte-Christine se nomme *Ouaïtahou* ; la Dominica, *Hievaroa* ; et San-Pédro, *Onateyo*. Oedidi, qui aimait passionnément ce peuple, parce qu'il ressemblait par les mœurs, le langage et la figure, à ses compatriotes, conversait sans cesse avec les insulaires, et en achetait un grand nombre d'ornemens. Il leur apprit différens usages de son pays, et entre autres la méthode d'allumer du feu en frottant l'un contre l'autre des morceaux de bois secs de l'*hibiscus tiliaceus:* ils prêtèrent une oreille attentive à ses instructions. Les insulaires estimaient fort les plumes de Tongatabou, et ils les achetaient volontiers au prix de leurs parures de tête ou de tous leurs ornemens. Nous ne vîmes qu'une seule femme âgée assise dans un cercle au milieu de ses compatriotes : son vêtement d'étoffe d'écorce ressemblait à celui des femmes des îles de la Société : à sa figure, on l'aurait prise pour une Taïtienne.

» Nous fîmes environ un mille et demi sur le bord méridional du ruisseau : après avoir traversé un terrain dégarni, d'où l'on découvrait en plein le havre, nous entrâmes dans un bois épais, planté principalement de rattas ou noyers de Taïti, d'une grosseur et d'une hauteur considérables, et de beaux arbres à pain : on trouve ces deux espèces dans les plaines de Taïti, où

la chaleur est moins violente que dans ces îles.
Nous arrivâmes enfin à une des maisons des
insulaires ; c'était une misérable cabane, en
comparaison des hautes maisons des îles de la
Société ; elle était placée sur une plate-forme
de pierres ni assez unies ni assez égales pour
qu'on pût s'y asseoir sans se briser le corps,
quoiqu'elles fussent couvertes de nattes. Les
naturels avaient dressé sur cette base des cannes de bambou serrées très-près les unes des
autres, et d'environ cinq ou six pieds d'élévation ; le tout était terminé par un toit composé de petits bâtons couverts de feuilles d'arbre à pain et de rattas. Toute la hutte avait
environ quinze pieds de long et huit ou dix de
large : l'usage où ils sont de placer leurs habitations sur des fondemens de pierres semble
supposer que le pays est sujet, en certaines
saisons de l'année, à de fortes pluies et à des
inondations. Nous y trouvâmes de grandes au-
ges de bois remplies de morceaux de fruits à
pain mêlés avec de l'eau. Trois Indiens qui parurent près de la hutte allèrent nous chercher
de l'eau à un ruisseau qui coulait à environ trois
cents pieds de là. Les ayant remerciés de leur
obligeance par des présens, nous nous rendîmes au rivage, puis nous retournâmes à bord.
En entrant dans notre canot, nous courûmes
le plus grand risque de chavirer : le ressac, qui
frappait contre les rochers, nous couvrit entièrement d'eau. Oedidi, qui était resté à terre,
nous voyant en danger, se jeta à la mer, et

nagea jusqu'au canot, afin de ne pas nous exposer à un nouveau péril quand nous voudrions aller le reprendre.

» Après le dîner, mon père accompagna le capitaine à terre, et trouva près du rivage plusieurs maisons sans voir de femmes. C'était le lieu où les insulaires avaient porté le corps de l'homme tué la veille : en arrivant à une cabane qui appartenait au défunt, le capitaine demanda s'il n'avait ni femmes, ni fils, ni sœurs, ni parens ; on lui dit qu'elles pleuraient le mort au sommet de la montagne : d'où l'on peut soupçonner que les palissades ou enclos qu'on voit le long du sommet des rochers sont les cimetières des habitans. Le capitaine fit des échanges en cet endroit, et quoiqu'il fût entouré des parens de l'insulaire tué, on n'aperçut parmi eux ni animosité ni ressentiment.

» Malgré la chaleur extrême, nous résolûmes le lendemain le docteur Sparmann et moi, de gravir la montagne, espérant que nous serions récompensés de nos peines par de nouvelles découvertes. J'avais surtout envie d'examiner les palissades qui sont au sommet, et sur lesquelles chacun formait différentes conjectures. M. Patten et deux autres officiers nous accompagnèrent. Après avoir traversé le joli ruisseau où les matelots remplissaient les futailles, nous prîmes un sentier par où le plus grand nombre des insulaires qui s'étaient rendus près de nous étaient arrivés de l'intérieur. La montée ne fut pas d'abord très-fatigante : nous atteignîmes le haut de plusieurs collines doucement inclinées, presque de niveau, et où nous vîmes de vastes plantations de bananiers disposées dans un ordre admirable. Ces cantons cultivés se découvraient tout à coup à nos regards, parce que nous marchions à travers un bois d'arbres fruitiers très-touffu ; ce qui nous procurait un ombrage frais et agréable. Nous rencontrions çà et là un cocotier solitaire, qui, loin d'élever avec fierté sa tête majestueuse, se trouvait abaissé et caché par des arbres d'une espèce inférieure. En général, ce palmier aime un terrain bas, et ne croît pas bien sur les montagnes ; voilà pourquoi il abonde sur des bancs de corail, où il se trouve à peine assez de terre pour ses racines. Quelques insulaires nous suivaient, et nous en vîmes passer plusieurs qui allaient à notre marché.

» A mesure que nous montions, nous laissions derrière nous un grand nombre de maisons, toutes construites sur une base de pierre exhaussée. Les unes paraissaient neuves et très-propres en-dedans ; mais je ne pus pas y distinguer ces lits dont font mention les Espagnols, qui sans doute veulent parler seulement des différentes nattes répandues sur le plancher.

» Le terrain devenait à chaque pas plus escarpé et plus hérissé de roches. Le ruisseau coulait souvent dans un ravin profond, au bord duquel notre sentier était assez dangereux ; il nous fallut traverser l'eau plusieurs fois. Les maisons devenaient plus fréquentes à mesure que nous approchions du sommet. Nous prîmes du repos en différens endroits, et partout des fruits et de l'eau nous furent offerts par les naturels, qui ressemblent trop aux Taïtiens pour ne pas être hospitaliers comme eux. Nous n'en aperçûmes pas un seul de difforme ou de mal fait; ils étaient tous forts, grands, et extrêmement agiles. La nature du pays contribue à leur activité, et l'exercice qu'ils sont obligés de prendre conserve probablement l'élégance de leurs formes. A environ trois milles du rivage, nous aperçûmes une jeune femme qui, sortant d'une maison située devant nous, montait en hâte la colline. Elle était vêtue d'une étoffe de mûrier qui descendait jusqu'à ses genoux : ses traits nous parurent agréables; mais nous n'en jugeâmes que de loin, car elle eut soin de se tenir à cent pieds de nous. Les naturels nous firent alors des signes pour retourner sur nos pas, et témoignèrent du mécontentement de ce que nous avancions encore. Comme nous voulions, le docteur Sparrman et moi, conserver les plantes que nous avions rassemblées, nous revînmes effectivement en arrière, tandis que M. Patten et les autres allèrent environ deux milles plus loin, sans rien découvrir de nouveau. La chaleur du jour, notre mauvaise santé et la fatigue de la route nous avaient épuisés : d'ailleurs rien n'annonçait que nous serions bientôt au sommet, et il semblait éloigné de plus de trois milles, au delà d'un espace infiniment plus

escarpé que celui que nous venions de parcourir.

» Tous les cantons que nous vîmes sont couverts d'un terreau gras, et parsemés de belles
plantations et de bocages de différens arbres
fruitiers. Les rochers au-dessous, qui se montrent principalement près des bords du ruisseau, ou sur les côtés escarpés du sentier, contiennent des productions volcaniques. Par leurs
minéraux, ces îles ressemblent donc aussi à
celles de la Société, dont la plupart paraissent
avoir eu des volcans. Nous remarquâmes autour des cabanes beaucoup de cochons, de poules, et de temps en temps des rats. Les arbres
sont habités par une foule de petits oiseaux de
l'espèce de ceux de Taïti, mais moins nombreux
et moins variés. Enfin les Marquésas ne diffèrent
des îles de la Société qu'en ce qu'elles n'ont pas
la belle plaine qui entoure celles-ci, et le récif
de corail qui forme leurs excellens havres.

» Nous nous hâtâmes de gagner le bord de
la mer avant le départ des canots : le bâtiment,
à notre arrivée, était entouré de pirogues de
différentes parties de l'île : l'alarme que le meurtre de l'Indien avait répandue parmi eux le premier jour était alors oubliée ; ils conversèrent
familièrement, et témoignèrent une extrême joie
de tout ce qu'ils voyaient. Ils se souvenaient si
peu de ce meurtre, que plusieurs nous volè-
rent aussi souvent que l'occasion s'en présenta ; mais quand on les surprenait, ils ne manquaient jamais de rendre paisiblement ce qu'ils

venaient de prendre. Ils dansèrent beaucoup sur les ponts; la ressemblance de leurs danses avec celles des Taïtiens nous frappa. Il parait que leur musique est aussi la même; ils ont des tambours pareils : Oedidi en acheta un.

» Le soir, le capitaine, quelques officiers, M. Hodges, le docteur Sparrman et mon père, revinrent au vaisseau, après avoir visité deux anses au sud du havre où nous étions mouillés. Ils les trouvèrent très-ouvertes et exposées à la lame, et la violence du ressac leur fit courir de grands risques en sortant des canots et en se rembarquant. Ils achetèrent des cochons et des végétaux. Les insulaires leur parurent moins réservés qu'aux environs de notre mouillage. On vit parmi eux un grand nombre de femmes avec lesquelles les matelots de la chaloupe eurent bientôt fait connaissance, et plusieurs d'entre elles furent aussi complaisantes que celles des îles de la Société et des Amis, de la Nouvelle-Zélande et de l'île de Pâques. Elles étaient d'une stature inférieure à celle des hommes, mais bien proportionnée, et les traits de quelques-unes étaient presque aussi agréables que ceux des Taïtiennes d'un rang distingué. En général, leur teint ne différait pas de celui des gens du peuple des îles de la Société. Il y en avait de plus blanches que les autres; on ne remarqua sur leur corps aucune trace de tatouage. Toutes portaient des étoffes d'écorce de mûrier; mais ces étoffes n'étaient ni aussi variées ni en aussi grand nombre qu'à Taïti.

» Après avoir passé quelque temps à terre, on revint au canot. Le capitaine donna plusieurs coups à un des matelots qui venait de manquer à son devoir. Je ne rapporterais point cette circonstance minutieuse, si les naturels n'avaient pas fait une observation fort intéressante. Dès qu'ils s'en aperçurent, ils se montrèrent l'un à l'autre le capitaine, en s'écriant *tape é hai te tina*, il bat son frère. Ils voyaient très-bien l'autorité du commandant sur l'équipage; mais ils nous regardaient tous comme frères. Je pense qu'ils transposaient parmi nous les idées de subordination qui règnent chez eux; ils se regardent probablement comme une famille dont l'aîné est chef ou roi. N'étant pas encore parvenus au même degré de civilisation que les Taïtiens, ils ne connaissent guère les différences de rang, et leur constitution politique n'a pas acquis une forme monarchique déterminée. Ils ne montrèrent ni respect, ni égards particuliers pour leur roi Honou, qui vint nous voir le second jour après notre arrivée. Toute sa prééminence semblait consister dans son habillement, plus complet que celui de ses Indiens, qui, par choix ou par indolence, vont nus dans ce climat des tropiques, où l'on n'a pas besoin de vêtemens.

» Comme cette île ne devait pas nous fournir ce dont nous avions besoin, et que nous pouvions espérer de le trouver à celles de la Société, que d'ailleurs elle n'était pas commode pour y faire du bois et de l'eau, et donner au

vaisseau le radoub nécessaire, le capitaine résolut d'en partir, et de chercher une relâche
plus avantageuse. Nous étions depuis dix-neuf
semaines en mer, et nous avions vécu tout ce
temps de provisions salées ; cependant nous
avions à peine un seul homme bien malade, et
peu se plaignaient de légères incommodités.
Les antiscorbutiques et les soins extrêmes du
chirurgien contribuèrent sans doute à notre
santé.

» Je regrettais de partir sans examiner ces
enclos qui sont au sommet des montagnes, et
qui, je crois, ont quelque rapport avec leur
religion. Les Espagnols font mention d'un ora-
cle qui, d'après leur description, semble être
un cimetière de l'espèce de ceux des îles de la
Société.

» Les Marquésas sont au nombre de cinq : la
Magdalena, San-Pedro, la Dominica, Santa-
Christina, et l'île de Hood : celle-ci, la plus
septentrionale, gît par 9° 26′ de latitude sud,
et à cinq lieues et demie de la pointe est de la
Dominica. Celle-ci, qui est la plus grande de
toutes ces îles, et qui s'étend de l'est à l'ouest
dans un espace de six lieues, a une largeur inégale et environ quinze à seize lieues de tour ;
elle est remplie de collines escarpées, qui, du
bord de la mer, s'élèvent en chaînes : ces chaînes
sont séparées par des vallées profondes revêtues de bois, ainsi que les côtés de quelques-
unes des collines : son aspect est stérile, mais
elle est habitée. Sa latitude est 9° 44′ 30″ sud.

San-Pedro, qui a environ trois lieues de tour, et qui est assez haut, gît au sud à quatre lieues et demie de l'extrémité orientale de la Dominica : nous ne savons pas s'il est habité. La nature n'y a pas répandu ses largesses avec profusion. Santa-Christina gît sous le même parallèle, trois ou quatre lieues plus à l'ouest. Cette île, qui court nord et sud, a neuf milles de long dans cette direction, et environ sept lieues de circonférence. Une chaîne étroite de collines d'une élévation considérable se prolonge dans toute la longueur de l'île. D'autres chaînes sortent de la mer et se joignent à celle-ci, dont elles égalent la hauteur. Des vallées resserrées et profondes, fertiles, ornées d'arbres fruitiers, etc., et arrosées par de jolis ruisseaux d'une eau excellente, coupent ces montagnes. Nous n'avons vu que de loin la Magdalena : sa position doit être à peu près 10º 25′ de latitude, et 138º 50′ de longitude. Ces îles occupent l'espace d'un degré en latitude, et à peu près un demi-degré en longitude; savoir du 138e degré 47 minutes au 139e degré 13 minutes, longitude de l'extrémité occidentale de la Dominica.

» Le port de Madre de Dios, que j'ai nommé *port de la Résolution*, gît près du milieu de la côte ouest de Santa-Christina, et sous la terre la plus élevée de l'île. La baie, qui a près de trois quarts de mille de profondeur, et de trente-quatre à douze brasses d'eau, bon fond de sable, renferme deux anses sablonneuses séparées l'une de l'autre par une pointe de rocher. Dans chacune coule un ruisseau de très-bonne eau. L'anse septentrionale est la plus commode pour faire du bois et de l'eau. On y trouve la petite cascade dont parle Quiros; mais le village est au fond de la seconde anse. Ce côté de l'île offre plusieurs autres anses ou baies.

» Les arbres, les plantes et les autres productions de ces îles, du moins autant que nous les connaissons, sont à peu près les mêmes qu'à Taïti et aux îles de la Société. On peut s'y procurer des cochons, des volailles, des bananes et des ignames, quelques racines, et une petite quantité de fruits à pain et de cocos. Nous achetâmes d'abord ces différens objets avec des clous. La verroterie, les miroirs et les bagatelles pareilles, si recherchées aux îles de la Société, n'ont aucun prix ici; les clous même finirent par perdre beaucoup de leur valeur.

» En général les habitans des Marquésas sont la plus belle race d'hommes des îles de cette mer. Ils surpassent peut-être toutes les autres nations par la régularité de leur taille et de leurs traits. Cependant la ressemblance de leur langage avec celui que parlent les naturels de Taïti et des îles de la Société prouvent qu'ils ont une même origine. Oedidi conversait assez bien avec eux; mais quoique je susse un peu la langue de Taïti, je ne venais pas à bout de me faire entendre. Ils ont les dents moins bonnes

et les yeux moins vifs et moins animés que plusieurs autres nations. Quelques-uns portent les
cheveux longs ; mais en général ils les ont
courts, et ils laissent seulement de chaque côté
de la tête deux touffes relevées par un nœud.
Ils arrangent de différentes manières leur barbe,
qui est communément longue. Les uns la par-
tagent et l'attachent en deux touffes au-dessous
du menton, d'autres la tressent, ceux-ci la
laissent flotter, et ceux-là la coupent à une certaine hauteur.

» Leur vêtement, le même qu'à Taïti, est
composé également d'écorce d'arbre; mais ils
n'ont pas une aussi grande quantité d'étoffes,
et elles ne sont pas aussi bonnes. La plupart
des hommes seraient entièrement nus, sans le
morra (comme on l'appelle à Taïti), c'est-à-
dire sans une bande de toile qui passe autour
de la ceinture, et tombe entre les jambes. Ce
simple vêtement suffit au climat, et satisfait la
modestie. Les femmes sont vêtues d'une pièce
d'étoffe qui enveloppe leurs reins en forme
de jupon, et descend au-dessous du milieu de
la jambe; un manteau flottant couvre leurs
épaules. La principale parure de tête des hommes et leur premier ornement est une sorte de
large diadème, artistement fait des fibres de la
bourre de coco : ils placent au-devant une coquille de nacre de perle arrondie, et de la dimension d'une soucoupe : devant celle-ci, une
seconde plus petite, d'un autre coquillage, dont
les trous offrent diverses figures curieuses : au

centre de cette seconde un morceau de nacre de perle rond, à peu près de la grandeur d'un écu ; et enfin un morceau de coquille comme le second, qui est peint et de la grandeur d'un shilling. Cet ornement pare ordinairement leur front ; quelques-uns en portent aussi de chaque côté de la tête ; alors il est fait de plus petites pièces : tous ces diadèmes sont embellis de plumes de la queue des coqs ou des pailles-en-cul, posées debout, de façon qu'elles forment un joli panache. Ils mettent autour de leur cou un collier de bois léger, dont le côté supérieur et l'inférieur sont couverts de petits pois rouges qui y sont collés avec de la gomme : ils garnissent aussi leurs jambes, leur ceinture et leurs bras de touffes de cheveux d'homme attachés à un cordon : souvent, au lieu de cheveux, ils emploient des plumes courtes. Ils vendaient pour peu de chose tous leurs autres ornemens ; mais ils semblaient mettre le plus grand prix à ces derniers, quoiqu'ils fussent remplis de vermine. Il est probable qu'ils conservent ces touffes de cheveux en mémoire de leurs parens morts ; ou bien ce sont des dépouilles de leurs ennemis qu'ils gardent comme des trophées de leurs victoires. Un gros clou ou quelque chose qui frappait fortement leurs yeux finissait par surmonter leur répugnance à céder ces précieuses bagatelles. On aperçoit rarement sur la même personne tous les ornemens dont on vient de parler.

» Le chef qui vint nous faire visite est le seul

que j'aie vu avec tout cet attirail ; leurs ornemens ordinaires sont des colliers, des amulettes,
faites de coquillages , etc. Je n'ai remarqué aucun pendant d'oreille , quoiqu'ils eussent tous
les oreilles percées. Cependant quelques-uns
avaient fiché dans ce trou des morceaux de bois
oblongs , ovales , aplatis et peints en blanc.

» Leurs maisons sont placées dans les vallées , sur les côtés des collines , et près de leurs
plantations : elles sont construites de la même
manière qu'à Taïti , mais avec beaucoup moins
de soin : elles sont couvertes simplement de
feuilles d'arbre à pain. La plupart sont bâties
sur un espace carré ou oblong, pavé en pierres ,
élevé un peu au-dessus du niveau du terrain.
On voit aussi de semblables espaces pavés
près de leurs maisons ; ils vont s'y asseoir et s'y
récréer.

» Nous n'avons trouvé nulle part de fruits à
pain aussi gros et aussi délicieux que les leurs ;
nous en achetâmes plusieurs parfaitement mûrs,
qui étaient tendres comme des flans , mais un
peu trop sucrés.

» Ce peuple est moins propre dans ses repas
que les Taïtiens ; leur cuisine est sale : ils font
cuire les cochons et la volaille dans un four de
pierres chaudes , comme aux îles de la Société ;
ils grillent au feu les fruits et les racines ; et ,
après en avoir ôté l'écorce et la peau , ils les
mettent avec de l'eau dans une huche, où j'ai
vu les hommes et les cochons manger tous ensemble. Je les ai trouvés un jour délayant des

fruits et des racines au fond d'un vase chargé d'ordures, au moment où les cochons venaient d'y manger. Ils n'avaient lavé ni le vase ni même leurs mains, qui n'étaient pas moins sales; et lorsque je leur témoignai que c'était dégoûtant, ils se moquèrent de moi. Je-ne sais si tous sont de même : les actions de quelques individus ne suffisent pas pour juger de toute une nation. Je ne sais pas non plus si les hommes et les femmes mangent separément.

» Voici cependant un article sur lequel ils sont plus propres que les Taïtiens : aux îles de la Société, les excrémens qui remplissent les chemins blessent tous les matins l'odorat et la vue; mais les habitans des Marquésas sont accoutumés, comme les chats, à les cacher dans les entrailles de la terre. Les Taïtiens comptent sur le secours des rats, qui mangent avidement ces ordures; ils sont convaincus que leur usage est le plus propre du monde, car Topia reprocha aux Européens leur prétendue délicatesse, quand il vit dans chaque maison de Batavia un petit édifice destiné à la déesse Cloacine.

» Leurs massues et leurs piques ressemblent à celles de Taïti; elles sont un peu mieux faites : ils ont aussi des frondes, avec lesquelles ils jettent des pierres fort loin ; mais ils n'ont pas une extrême adresse pour toucher le but.

» Leurs pirogues sont de bois et de l'écorce d'un arbre mou qui croît abondamment près de la mer, et qui est très-propre à cet usage: elles ont de seize à vingt pieds de long, et en-.

viron quinze pouces de large ; deux pièces de bois solides forment l'avant et l'arrière ; l'arrière s'élève ou se courbe un peu, mais dans une direction irrégulière, et finit en pointe ; l'avant se projette horizontalement, et offre une ressemblance grossière d'un visage humain sculpté ; elles se manœuvrent avec des pagaies, et plusieurs ont une sorte de voile latine faite de natte.

» Nous n'avons remarqué dans l'île d'autres quadrupèdes que les cochons ; les coqs et les poules sont les seuls oiseaux apprivoisés, cependant les bois paraissent remplis de petits oiseaux d'un très-joli plumage, et qui chantent bien. La crainte d'alarmer les naturels nous a empêchés d'en tuer autant que nous aurions pu le faire.

» Le nombre des habitans des Marquésas ne peut pas être fort considérable, car ces îles sont très-petites. La Dominica, la plus grande des Marquésas, est si généralement escarpée et si hérissée de rochers, que, proportionnellement à son étendue, elle ne peut avoir autant d'habitans que Santa-Christina. Les terrains propres à la culture sont très-peuplés sur ces îles ; mais comme elles sont toutes remplies de montagnes et de landes stériles, il est douteux que ce groupe de terres contienne cinquante mille âmes.

» Les Espagnols, qui les découvrirent, y trouvèrent un peuple doux et paisible ; ils eurent cependant un petit différent à Magdalena ;

probablement à cause de quelque malentendu ou du caractère violent et impétueux de ces navigateurs. On a déjà parlé de l'accueil qu'ils nous firent , et de leur rapport avec les Taïtiens. Les habitans des Marquésas ne peuvent pas goûter les avantages que procurent à ceux des îles de la Société les fertiles plaines qui bordent leurs côtes. Après avoir cultivé le terrain nécessaire à leur subsistance, il ne reste plus d'espace pour ces vastes plantations de mûriers qui frappent partout les yeux à Taïti : et lors même qu'ils auraient de l'emplacement , ils ne pourraient pas y employer le temps qu'exige cette branche de culture. On ne remarque point aux Marquésas l'opulence et le luxe , la profusion d'alimens , la quantité et la variété d'étoffes dont jouissent les Taïtiens ; mais les insulaires y ont le nécessaire : ils sont tous égaux, actifs , biens portans , et rien ne peut les priver de ce qui fait leur bonheur. Les Taïtiens ont plus d'aisance ; ils sont peut-être plus habiles dans les arts , et ils mènent une vie plus délicate ; mais ils ont perdu leur égalité primitive : une partie vit des travaux de l'autre , et des maladies les punissent déjà de leurs excès.

» Le 13 avril on quitta les Marquésas pour aller à Taïti.

» Le 17 , à dix heures du matin , on vit une terre que nous reconnûmes ensuite pour être une ceinture de petites îles bases réunies par un récif de corail. Je rangeai la côte nord-ouest à la distance d'un mille, jusqu'aux trois quarts de sa longueur, qui est de près de quatre lieues : nous arrivâmes ensuite à une crique ou goulet qui semblait ouvrir une communication avec la lagune située au milieu de l'île. Comme je voulais acquérir quelques connaissances sur les productions de ces îles à moitié submergées, nous mîmes en travers, et j'envoyai le maître sonder. En dehors, il ne trouva point de fond.

» L'île, dit Forster, était d'espace en espace couverte de cocotiers ; la mer baignait les intervalles qui les séparaient ; des pirogues qui naviguaient sur le lac, des tourbillons de fumée qui sortaient du milieu des groupes d'arbres, et des hommes d'une couleur foncée, armés de longues piques et de massues, qui couraient le long du rivage, formaient une perspective animée. Nous aperçûmes aussi des femmes qui se retirèrent à l'extrémité la plus éloignée du banc, portant des paquets sur leur dos ; preuve qu'elles n'auguraient pas favorablement de notre apparition sur la côte. Ces insulaires ayant eu le malheur de vouloir s'opposer aux chaloupes de Byron, perdirent quelques-uns de leurs compatriotes, et furent chassés de leurs habitations, pendant tout un jour, par l'équipage du *Dauphin*, qui mangea à discrétion leurs cocos ; et il ne faut pas s'étonner s'ils faisaient déjà des préparatifs pour mettre leurs petites richesses en sûreté contre l'invasion d'une race d'étrangers qu'ils regardaient comme leurs ennemis,

» Le maître, continue Cook, me dit à son retour qu'on ne pouvait pas entrer dans la lagune par la crique, large de cinquante brasses à l'entrée, et profonde de trente ; que le fond était de roche partout, et bordé de bancs de corail. Nous n'éprouvions pas la nécessité d'aborder à cette île ; mais comme les naturels avaient annoncé des dispositions amicales en venant paisiblement sur notre canot , ou en prenant tout ce qu'on leur donnait, j'envoyai à terre deux canots bien armés, sous le commandement du lieutenant Cooper , afin d'obtenir une entrevue, et de donner une occasion de faire des recherches d'histoire naturelle. Je vis nos gens débarquer sans la moindre opposition de la part des insulaires qui étaient sur le rivage : bientôt après j'aperçus quarante ou cinquante hommes, tous armés, qui s'avançaient pour joindre leurs compatriotes. Nous nous tînmes donc très-proche de la côte, afin de pouvoir soutenir nos canots en cas d'attaque : heureusement aucune hostilité ne fut commise. M. Cooper me dit qu'à son débarquement un petit nombre de naturels était venu à sa rencontre sur la grève ; mais qu'une grosse troupe armée de piques se tenait sur la lisière du bois. Ils reçurent très-froidement nos présens, ce qui prouve que notre débarquement leur causait peu de plaisir. A l'arrivée de leur renfort, il jugea à propos de se rembarquer, d'autant plus que le jour était déjà fort avancé, et que j'avais donné ordre d'employer tous les moyens possibles pour éviter une escarmouche. Quand nos matelots rentrèrent dans leurs canots, quelques insulaires voulaient les pousser au large, et d'autres les retenir; cependant ils les laissèrent partir tranquillement. Le lieutenant rapporta cinq cochons, qui paraissaient abonder dans l'île; il ne vit de fruits que des cocos, et il en acheta deux douzaines. L'un des matelots eut un chien pour une banane, ce qui nous fit croire qu'ils manquent de ce fruit.

» Cette île, que les naturels appellent *Tiou-ki*, fut découverte et visitée par le commodore Byron : sa forme est un peu ovale; elle a environ dix lieues de tour, et elle gît par $14° 27' 30''$ de latitude sud, et $144° 56'$ de longitude ouest. Les habitans, et peut-être ceux de toutes les îles basses, sont d'une couleur beaucoup plus brune que ceux des îles plus hautes, et leur caractère semble plus farouche. Cette différence provient peut-être de leur position. La nature ne leur ayant pas départi ses faveurs avec autant de profusion qu'aux autres, les hommes ont principalement recours à la mer pour leur subsistance; ils sont par conséquent plus exposés au soleil et aux rigueurs du temps, et deviennent ainsi plus noirs, plus forts et plus robustes, car certainement ils ont une origine commune. Nous ne vîmes que des hommes vigoureux, bien faits, et qui avaient sur leur corps la figure d'un poisson, emblème de leur occupation.

» Les insulaires, ajoute Forster, n'avaient d'autre vêtement qu'un très-petit morceau d'étoffe autour des reins. Leurs femmes ne s'approchèrent pas de nous; mais celles que nous aperçûmes de loin avaient le même teint que les hommes; elles portaient un morceau d'étoffe un peu plus large en forme de tablier. Les cheveux et la barbe des hommes étaient généralement noirs et bouclés, et coupés quelquefois : un homme les avait jaunâtres à leur extrémité. Dès que nous eûmes débarqué, ils nous embrassèrent en touchant nos nez avec les leurs suivant la coutume de la Nouvelle-Zélande, et nous apportèrent des cocos et des chiens pour nous les vendre. Oedidi, qui nous accompagnait, acheta plusieurs chiens pour de petits clous, et d'autres pour des bananes mûres qui venaient des Marquésas. Ce fruit était fort estimé par les habitans de l'île, qui le reconnurent sur-le-champ. Il parait donc qu'ils ont des liaisons avec les îles hautes, puisque les bananes ne croissent jamais sur leurs bancs de corail déchaussés. Les chiens n'y sont pas d'une race différente de ceux des îles de la Société; mais ils ont un joli poil, long, de couleur blanche. Oedidi était fort empressé d'en acheter, parce que dans son pays on fait usage de ce poil pour orner les cuirasses des guerriers. Nous essayâmes d'aller directement dans le bocage, au-dessous duquel étaient situées les maisons ; mais les insulaires s'y opposèrent, et nous longeâmes la pointe, recueillant diverses plantes, et en particulier du cochléaria, qui était commun. Les insulaires nous apprirent qu'ils brisent cette plante, qu'ils la mêlent avec des coquillages, et qu'ils la jettent dans la mer lorsqu'ils aperçoivent un banc de poissons. Cette amorce enivre les poissons pour quelque temps, et alors ils viennent à la surface de l'eau, où on les prend aisément. Ils donnent à cette plante utile et salutaire le nom d'*enoou*. On y trouve aussi une grande quantité de pourpier, ressemblant au pourpier ordinaire, que les naturels appellent *étouri*. Cette plante croît aux îles de la Société, où elle sert de nourriture, après qu'on l'a fait cuire sous terre. Plusieurs arbres de cette île se rencontrent aux îles de la Société ; j'y ai remarqué des plantes que nous ne connaissions pas encore.

» Le sol est extrêmement maigre ; des bancs de corail, très-peu élevés au-dessus de la surface de la mer, lui servent de support : ils sont revêtus d'un sable blanc, grossier, mêlé de débris de corail et de coquillages, et d'une couche très-mince de terreau.

» Après avoir doublé une pointe, nous arrivâmes derrière les maisons, et nous découvrîmes une autre pointe qui s'avançait dans la lagune et formait une espèce de baie, dont le rivage était entièrement garni d'arbrisseaux et de bocages. L'eau est très-basse entre les deux pointes : nous aperçûmes une troupe de naturels qui y passèrent la mer en traînant leurs piques après eux. Nous entrâmes à l'instant dans les buissons et passâmes près des huttes, dont les habitans étaient sur le bord de la mer : nous n'aperçûmes que des chiens dans l'intérieur de ces huttes très-petites, basses et couvertes d'une espèce de natte de feuilles de cocotier. Les remises de leurs pirogues sont faites exactement des mêmes matériaux, mais sont un peu plus grandes. J'y trouvai des pirogues très-courtes, fortes et pointues aux deux bouts, avec une quille aiguë. En arrivant sur la grève, nous nous mêlâmes parmi les naturels, qui furent fort étonnés de nous voir sortir de leur village.

» Sur ces entrefaites, Oedidi nous aidait à causer avec eux ; ils nous dirent qu'ils ont un chef ou un ériki. En tout, leur langue approche beaucoup du dialecte de Taïti, excepté que leur prononciation est plus grossière et plus gutturale.

» Les hommes de la troupe dont on a parlé plus haut parurent alors au milieu des buissons ; ils étaient armés de longues massues ou de pieux arrondis et courts, et de piques longues, les unes de quatorze, les autres de neuf pieds, et garnies de queues de raies dentelées. Nous nous hâtâmes alors de nous rembarquer. Ils se pressèrent autour de nos canots, et semblèrent mettre en délibération s'ils nous attaqueraient ; notre retraite ayant devancé leur dessein, ils parurent contens de notre départ, et nous aidèrent à pousser nos canots au large; quelques-uns jetèrent de petites pierres qui tombèrent dans l'eau près de nous, et tous semblaient fiers de nous avoir épouvantés. Ils parlèrent beaucoup, et très-haut, après que nous fûmes en mer, et finirent par s'asseoir le long du rivage à l'ombre des arbres. Dès que nous fûmes à bord, le capitaine fit tirer par-dessus leurs têtes, et dans la mer, devant eux, quatre ou cinq coups de canon pour leur montrer quelle était notre puissance. Les derniers boulets surtout les effrayèrent tellement, qu'ils s'enfuirent tous avec la plus grande précipitation. Ils ne nous vendirent pas plus de trente cocos et de cinq chiens.

» Les vastes lagunes qui sont en dedans de ces îles circulaires sont probablement d'abondans réservoirs de poissons, qui fournissent aux habitans une subsistance assurée. La partie sablonneuse des bancs est un lieu où les tortues peuvent commodément déposer leurs œufs; et il paraît, par les débris que trouva l'équipage du *Dauphin*, qu'ils savent prendre de ces gros animaux, dont la chair doit être un régal pour eux. Le peu de plantes qui croissent sur ces écueils est très-utile, et leur facilite les moyens de pêcher. Quelques arbres sont si gros, que de leurs troncs on peut faire des pirogues, et avec leurs branches des armes et des outils. Le cocotier, la principale richesse de plusieurs nations du globe, est aussi pour eux d'une utilité infinie. Ses fruits donnent, quand ils sont verts, une à deux pintes de liqueur limpide, d'une douceur agréable et d'une saveur particulière : cette boisson rafraîchissante est excellente pour apaiser la soif dans un climat chaud. A mesure que le fruit mûrit, l'amande se forme : de molle comme de la crème qu'elle était d'abord, elle devient ferme et huileuse, et elle est très-nourrissante. On en exprime souvent une huile dont on se sert pour oindre les cheveux et tout le corps. La coque, qui est dure, fournit des coupes, et la bourre filandreuse qui l'enveloppe, des cordages fort élastiques qui ne s'usent guère par le frottement ; et, en outre, divers meubles et des ornemens : les feuilles ou branches qui, du sommet de la tige s'élancent en longs panaches, couvrent les maisons, et en les tressant on en fabrique des paniers : l'écorce intérieure donne une espèce de vêtement qui suffit dans ce climat ; et lorsque la tige ne pousse plus de rejetons, on l'emploie encore à la construction des huttes, ou à la mâture d'une pirogue.

» Outre les poissons et les végétaux, ces insulaires ont aussi des chiens qui sont ichthyophages, et que les habitans des îles de la Société trouvent bons à manger. Ainsi, sur ces misérables bancs de rochers, la nature produit ce qui est nécessaire à la subsistance de toute une race d'hommes. On sait que le corail est l'ouvrage d'un ver qui agrandit son habitation à mesure que la grosseur de son corps augmente. Ce petit animal, qui offre si peu de marques de sentiment, qu'on le distingue à peine d'une plante, construit un édifice de rochers, depuis un point du fond de la mer, que l'art humain ne peut pas mesurer, jusqu'à la surface des flots, et il prépare une base assurée à la demeure de l'homme.

» Le nombre de ces îles basses est très-grand ; on est bien éloigné de les connaître toutes ; il s'en trouve dans toute l'étendue du grand Océan, entre les tropiques. Elles sont surtout très-communes dans l'espace de 10 ou 15 degrés à l'est des îles de la Société. Quiros, Schouten, Roggeween, Byron, Wallis, Carteret, Bougainville et Cook en ont tous rencontré de nouvelles dans leur route, et, ce qui est plus remarquable, ils y ont vu des habitans à deux cent quarante lieues à l'est de Taïti. A chaque nouvelle route que suivront les navigateurs, ils découvriront probablement d'autres îles de cette espèce, et surtout entre les 16e. et 17e. parallèles sud : ces parallèles n'ayant pas encore été parcourus en allant vers les îles de la Société, il serait digne des savans de rechercher pourquoi ces îles sont si nombreuses, et forment un archipel si grand au vent de celles de la Société, tandis qu'elles sont dispersées au loin les unes des autres au delà de ce groupe d'îles montueuses. Il est vrai qu'il se trouve un autre archipel de bancs de corail à l'ouest (je veux parler des îles des Amis); mais celles-ci sont très-différentes, et paraissent beaucoup plus vieilles; elles occupent plus d'espace, et renferment assez de sol pour que les productions végétales des hautes terres puissent y croître.

» Le 18, à la pointe du jour, continue Cook, après avoir passé la nuit à courir de petites bordées, j'arrivai à une autre île que nous avions aperçue à l'ouest; nous la trouvâmes pareille en tout à celle que nous venions de quitter. Elle présente des bouquets nombreux d'arbrisseaux, d'arbres et de cocotiers. Elle s'étend du nord-est au sud-ouest, sur une longueur de près de quatre lieues, et elle a de trois à cinq milles de large. Elle est à deux lieues dans le sud-ouest de l'extrémité occidentale de Tiouki. Ces îles doivent être les mêmes auxquelles le commodore Byron a donné le nom d'*îles de George*.

» Après avoir dépassé ces îles, différens signes, et surtout une mer tranquille, nous annonçaient le voisinage de la terre. Le 19, on en vit une à l'ouest; c'était encore une de ces îles submergées, ou à moitié inondées, si communes dans cette partie de l'Océan, c'est-à-dire, une ceinture de petites îles jointes ensemble par un récif de rochers de corail. En général, la mer est partout incommensurable en dehors de la bordure : tout l'intérieur est couvert d'eau. On m'a dit qu'il s'y trouve beaucoup de poissons et de tortues dont se nourrissent les naturels. Ceux qui habitent les parties basses donnent quelquefois des tortues aux habitans des

parties hautes pour des étoffes. Ces mers intérieures seraient d'excellens havres, si les bâtimens pouvaient y aborder. Si on en croit les
habitans des autres îles, on peut entrer dans
quelques-uns. Les Européens n'ont pas fait sur
ce sujet des recherches assez exactes; le peu
d'espérance d'y trouver de l'eau douce a communément découragé toutes leurs tentatives.
J'en ai vu beaucoup, mais je n'y ai pas aperçu
une seule passe. Un grand nombre d'insulaires,
avec de longues piques à la main, couraient le
long du rivage. La lagune intérieure paraissait
très-spacieuse; plusieurs pirogues y étaient à
la voile.

» Cette île gît par 15° 26' de latitude, et 146°
20' de longitude ouest. Elle a cinq lieues de
long; sa largeur est d'environ trois lieues. En
approchant de l'extrémité méridionale, on découvrit du haut des mâts une autre île basse au
sud-est, à environ quatre ou cinq lieues; mais
comme elle était au vent, je ne pus l'atteindre. Bientôt après, une troisième parut au sud-
ouest; à deux heures après midi j'étais vis-à-
vis de l'extrémité, située par 15° 47' de latitude
sud, 146° 30' de longitude ouest : sa longueur
est de sept lieues; elle n'en a pas plus de deux
de largeur. Elle ressemble aux autres à tous
égards; seulement on voit un peu moins d'îlots,
et un peu moins de terre sur le récif qui en-
ferme le lac. En rangeant la côte nord à la distance d'un demi-mille, nous vîmes des insulaires, des huttes, des pirogues et des espèces

d'échafauds construits, à ce qu'il nous parut, pour faire sécher du poisson. Les insulaires paraissaient de la même race qu'à Tiouki, et, comme eux, ils étaient armés de longues piques. En serrant l'extrémité ouest, nous découvrîmes une quatrième île au nord-nord-est. Elle semblait basse comme les autres, et elle gît à l'ouest de la première île, à la distance de six lieues. J'ai donné à ces quatre îles le nom de *Palliser*, en honneur de mon digne ami sir Hugues Palliser, contrôleur de la marine.

» Je crois, dit Forster, que la plus septentrionale est l'île Pernicieuse, sur laquelle Roggeween perdit la galère *l'Africaine* : le gouvernail de chaloupe que Byron trouva sur Tiouki, qui est à peu de distance de ces îles, semble confirmer mon opinion.

» Ne voulant pas faire route plus loin dans l'obscurité, ajoute Cook, je passai la nuit à courir de petites bordées, et le 20, à la pointe du jour, nous doublâmes l'extrémité ouest de la troisième île. Nous éprouvâmes tout de suite une grosse houle qui venait du sud, signe certain que nous étions hors de ces îles basses ; et comme nous ne voyons plus de terre, je mis le cap sur Taïti, profitant d'un fort vent d'est, accompagné de grains. On ne peut pas déterminer avec certitude si ce groupe d'îles fait partie de celles qu'ont découvertes les navigateurs hollandais, la position des îles qu'ils ont trouvées les premiers ne nous ayant pas été transmise avec assez de précision. Il est cependant nécessaire d'observer que la partie de l'Océan qui s'étend du 20ᵉ. au 14ᵉ. ou 12ᵉ. parallèle est si remplie de ces îles basses, qu'un navigateur ne peut pas prendre trop de précaution dans sa marche.

» Il n'est pas possible, dit Forster, de décrire la joie que ressentit l'équipage en voyant qu'on faisait route pour Taïti. Assurés de la bienveillance des insulaires, nous regardions cette île comme une seconde patrie.

» Oedidi était peut-être plus empressé que nous tous de voir Taïti, où il n'avait jamais été, quoique plusieurs de ses parens et de ses amis y fissent leur séjour. Les habitans des îles de la Socété la regardent comme la plus riche et la plus puissante ; nous lui avions souvent dit la même chose : sa curiosité n'en était que plus vive ; d'ailleurs, ayant rassemblé un grand nombre de curiosités, il comptait qu'elles le rendraient un personnage important parmi ses compatriotes ; enfin il avait acquis tant de nouvelles idées, et visité des pays si lointains et si inconnus, qu'il espérait attirer les regards et l'attention du sien. Il était ravi de penser que chacun le caresserait, que son intimité avec nous, que la connaissance qu'il avait de nos usages et de nos manières, et par-dessus tout, l'usage qu'il ferait de nos armes à feu pour se divertir, l'élèveraient au-dessus des autres insulaires. Sans doute il souhaitait aussi de rendre service à ses compagnons de voyage, qu'il aimait d'un attachement sincère, et dont il était généralement estimé.

» Nous eûmes connaissance de la haute terre de Taïti le 21 avril, et à midi nous nous trouvions à environ treize lieues à l'est de la pointe Vénus, sur laquelle on gouverna.

» Chacun comtemplait la métropole des îles du tropique; elle était infiniment plus belle alors que huit mois auparavant; sur les montagnes, les forêts revêtues d'un feuillage nouveau, semblaient étaler avec complaisance la variété de leurs teintes; les coteaux et les plaines surtout brillaient par l'éclat de leurs couleurs : la verdure la plus vive embellissait leurs fertiles bocages; tout rappelait à notre esprit l'île enchantée de Calypso. L'imagination et les yeux revolaient sans cesse vers ce délicieux paysage; ce qui accrut encore nos plaisirs, en longeant la côte, nous découvrîmes des lieux que nous avions déjà parcourus.

» Dès que les insulaires nous aperçurent, ils mirent leurs pirogues en mer et nous apportèrent des fruits en présens. Parmi les premiers qui vinrent à bord se trouvaient deux jeunes gens d'un certain rang, que nous fîmes entrer dans la chambre, où on leur présenta Oedidi. La politesse de la nation voulait qu'ils lui offrissent en dons des vêtemens : à l'instant ils ôtèrent les leurs, qui étaient d'une étoffe fine, et les mirent sur ses épaules. Pour les remercier, il leur montra tous ses trésors, et il leur donna quelques plumes rouges auxquelles ils attachaient un grand prix.

» Le lendemain 22, à six heures du matin, on mouilla dans la baie de Matavaï ; nous fûmes aussitôt entourés d'une foule de pirogues.

» Oedidi, qui était allé à terre avec le capitaine, ne revint pas le soir ; il avait rencontré plusieurs de ses parens, et en particulier sa sœur Téïaa, une des plus jolies femmes de l'île, mariée à un homme grand et bien fait , appelé *Nouna*, personnage d'un certain rang et natif d'Ouliétéa. Sa maison très-vaste était situés près de nos tentes, à environ trois cents pieds au-delà de la rivière. Oedidi avait quitté ses vêtemens européens avant d'aller à terre, et mis ceux que ses amis lui avaient donnés. Il changea de costume avec un empressement et un plaisir qui montraient sa prédilection pour les usages et les mœurs de son pays. Il ne faut pas s'étonner qu'un naturel des îles de la Société préfère la vie heureuse, les alimens sains et les habits simples de ses compatriotes , à l'agitation perpétuelle, aux mets dégoûtans, à la parure gênante et bizarre d'une troupe de navigateurs européens, puisqu'on voit les Esquimaux retourner joyeusement dans leur affreux pays pour se nourrir de la chair et de l'huile rance de baleine, après avoir mangé à Londres des mets infiniment plus délicats , et joui de tous les plaisirs et de la magnificence de cette grande capitale.

» Oedidi fut traité ainsi qu'il l'espérait : tous

les Taïtiens qui le virent le regardaient comme un prodige : ils lui offrirent les mets les plus exquis, plusieurs vêtemens complets, et les nymphes de l'île lui prodiguèrent leurs faveurs. Il aimait le plaisir comme tous les enfans de la nature : privé de femmes pendant long-temps, et ayant pris peut-être du goût pour la débauche en fréquentant les matelots, il ne manqua pas de profiter de l'occasion, et ne revint plus guère à bord. Ce qui lui donnait le plus de goût pour rester à terre, c'est qu'il pouvait aisément y satisfaire tous ses désirs. D'ailleurs le vaisseau, sous un climat chaud, est un asile peu commode pendant la nuit. Il y aurait été enfermé dans une chambre étroite et puante, au lieu qu'à terre il respirait un air pur, embaumé de parfums délicieux, et rafraîchi par une brise de terre exactement pareille au zéphyr dont parlent tant les poëtes. Enfin l'heureux Oedidi goûta des jouissances dont nous sommes incapables de sentir le charme.

» Dès le premier soir, les matelots appelèrent des femmes à bord, et les excès de la nuit furent incroyables.

» Les femmes qui avaient passé la première nuit à bord revinrent la nuit suivante accompagnées de plusieurs autres; de sorte que chaque matelot eut la sienne. La nuit fut très-belle et la lune charmante; et comme nous célébrions la fête de saint George, patron de la Grande-Bretagne, ils mêlèrent les plaisirs de Vénus aux orgies de ces anniversaires.

» Le 24 le roi O-tou et plusieurs autres chefs, suivis d'un nombreux cortége, nous rendirent visite, dit Cook, et nous apportèrent en présent dix ou douze gros cochons et des fruits : nous les accueillîmes le mieux qu'il nous fut possible. Averti de l'arrivée du prince, j'en tirai un augure favorable, et sachant combien il était important de gagner son amitié, j'allai à sa rencontre près de nos tentes, puis je le conduisis sur mon canot, ainsi que ses amis, à bord, où ils restèrent à dîner. Ils partirent ensuite chargés de présens et très-contens de notre réception.

» Le roi était accompagné de sa sœur Touraï et de son frère, et il ne montrait plus cette défiance qu'il avait lors de notre première relâche. Il demanda surtout des plumes de perroquet rouge, qu'il appelait *oura*. Les petits présens de ce plumage précieux qu'Oedidi fit à ses amis donnèrent sans doute occasion aux demandes du prince : cherchant à l'instant tout ce que nous avions rassemblé aux îles des Amis, nous en trouvâmes une quantité considérable, que nous ne jugeâmes pas à propos de montrer tout à la fois. Les Taïtiens mettent un prix inestimable à ces plumes rouges, dont les guerriers ornent leurs vêtemens, et dont ils se servent peut-être dans les grandes solennités.

» Le lendemain, malgré un orage violent accompagné de tonnerre, d'éclairs et de pluie, le roi revint avec beaucoup de provisions. Les

principaux personnages des deux sexes s'efforcèrent aussi de gagner nos bonnes grâces en
nous amenant des cochons, des fruits, et tout
ce que produisait l'île, afin d'obtenir de même
des plumes d'oura. Il fut heureux pour nous
d'en avoir beaucoup, car notre fonds de marchandises était alors fort épuisé; de sorte que
sans elles il eût été difficile d'approvisionner le
vaisseau des rafraîchissemens nécessaires.

» Notre ami Potatou, Ouhaïneou, sa femme
actuelle, et Polatehera, sa première femme,
vinrent aussi nous voir : comme ils étaient at-
tirés par l'éclat de nos plumes rouges, ils ne
négligèrent rien pour en avoir; ils donnèrent
les plus gros cochons pour de petits morceaux
d'étoffe garnis de ces plumes.

» L'orage avait été si violent, que l'on plaça
une chaîne de cuivre tout au haut du grand
mât : à l'instant où un des matelots venait de
la dégager du milieu des haubans, et de jeter
l'extrémité par-dessus le bord, un éclair brilla
au-dessus du vaisseau, et nous vîmes la flamme
courir tout le long de la chaîne jusqu'à la mer;
il fut suivi d'un coup de tonnerre épouvanta-
ble qui ébranla tout le bâtiment, au grand
étonnement des Européens et des Taïtiens qui
étaient à bord. Cette explosion ne nous causa
pas le moindre dommage, ce qui prouve l'utilité de la chaîne électrique.

» Nous trouvâmes qu'on venait de construire
et qu'on construisait beaucoup de grandes pirogues et de maisons de toute espèce; que le

Un éclair brilla au dessus du vaisseau, et
nous vîmes la flamme courir tout le long
de la chaîne jusqu'à la mer.

même peuple qui huit mois auparavant n'avait
pas d'asile pour s'y mettre à l'abri, vivait alors
dans des habitations spacieuses; on apercevait
d'ailleurs toutes les marques de la prospérité
d'un état naissant.

» Nous avions déjà tant de cochons à bord,
qu'il fallut faire une étable à terre; l'on se sou-
vient qu'en 1773 c'était une faveur lorsque le
roi ou le chef voulait bien nous en céder un seul.

» D'après ces favorables circonstances, Cook
résolut de faire un long séjour à Taïti; en conséquence, on porta à terre les futailles vides
et les voiles pour les réparer; on se prépara à
calfater le bâtiment et à raccommoder les agrès;
la longue navigation sous les hautes latitudes
australes avait rendu tous ces travaux indis-
pensables.

» Le matin du 26, dit Cook, j'allai à O-parri
avec quelques-uns de nos officiers et M. Forster, pour faire à O-tou une visite en forme.
En approchant, nous aperçûmes beaucoup de
grandes pirogues en mouvement, et nous fûmes surpris, à notre arrivée, d'en voir plus de
trois cents rangées en ordre le long de la côte,
toutes complétement équipées et armées, et sur
le rivage un nombre considérable de guerriers.
Un armement si inattendu, rassemblé autour
de nous dans l'espace d'une nuit, excita différentes conjectures; nous débarquâmes cependant au milieu de la flotte; nous fûmes reçus
par une foule immense de Taïtiens; la plupart
avaient des armes; les autres n'en avaient pas;

le cri des derniers était *tayo no O-tou*, et celui des premiers *tayo no Taouha*. Ce chef, à
ce que nous apprîmes par la suite, était amiral ou commandant de la flotte et des troupes.
Au moment où je mis à terre, un autre chef,
nommé *Ti*, oncle du roi, et un de ses minis-
tres, vint à ma rencontre. Je lui demandai des
nouvelles d'O-tou. Taouha vint bientôt me recevoir avec beaucoup de courtoisie ; il me prit
par une main, et Ti par l'autre ; sans savoir où
je désirais aller, ils me traînèrent ainsi à travers le peuple, qui se sépara en deux haies, et
qui de toutes parts poussait vers moi les accla-
mations d'amitié *tayo no Touti*. Une partie
voulait me conduire à O-tou, et l'autre voulait
que je restasse près de Tahoua. Arrivé à la
place d'audience, on étendit une natte sur laquelle on me fit asseoir : Ti me quitta ensuite,
et il alla chercher le roi. Tahoua m'engageait
à ne pas m'asseoir et à le suivre ; mais comme
je ne connaissais pas ce chef, je n'y consentis
point. Ti revint bientôt, et, voulant me mener
vers le prince, il me prit par la main. Taouha
s'y opposa ; de sorte que les deux Taïtiens, me
tirant chacun à eux, me fatiguèrent beaucoup,
et je fus obligé de dire à Ti de permettre à l'a-
miral de me mener vers sa flotte. Dès que nous
fûmes devant le bâtiment amiral, nous trouvâmes deux haies d'hommes armés, destinés, à
ce que je pensai, à écarter les spectateurs et
à m'ouvrir un passage ; mais comme j'étais résolu à ne pas y aller, je donnai pour excuse

l'eau qui se trouvait entre les pirogues et moi. A l'instant un homme se jeta à mes pieds, et m'offrit de me porter. Je déclarai alors positivement que je ne voulais pas. Taouha me quitta sans que je visse quel chemin il prit; tout le monde refusa de me le dire.

» Taouha s'en alla très-froidement; il paraît qu'il était fâché : il avait beaucoup d'autorité; car au moment où il s'approcha de nous, les gens du peuple s'écrièrent : *Voici Taouha*, et ils lui firent place avec une sorte de respect qui nous étonna.

» En jetant les yeux autour de moi, j'aperçus Ti, qui, je crois, ne m'avait jamais perdu de vue; je lui demandai des nouvelles du roi, et il m'apprit qu'il était allé dans le pays de Mataou, et il me conseilla de me retirer sur ma chaloupe. Nous suivîmes son conseil dès que nous fûmes rassemblés, car M. Edgecumbe, mon lieutenant, était seul à mes côtés; les autres se trouvaient poussés et confondus dans la foule comme nous l'avions été.

» En entrant dans notre chaloupe, nous profitâmes du moment pour examiner cette grande flotte. Les bâtimens de guerre consistaient en cent soixante grosses doubles pirogues de quarante à cinquante pieds de long, bien équipées et bien armées; mais je ne suis pas sûr qu'elles eussent leur complément de guerriers et de rameurs, ou plutôt je ne le crois pas. Les chefs, et tous ceux qui occupaient les plates-formes du combat étaient revêtus de leurs habits militaires ; c'est-à-dire, d'une grande quantité d'étoffes, de turbans, de cuirasses et de casques. La longueur de quelques-uns de ces casques embarrassait beaucoup ceux qui les portaient ; tout leur équipage semblait mal imaginé pour un jour de bataille, et plus propre à la représentation qu'au service. Quoi qu'il en soit, il donnait sûrement de la grandeur à ce spectacle, et les guerriers ne manquaient pas de se montrer sous le point de vue le plus avantageux.

» Des pavillons, des banderoles, etc., décoraient les pirogues, de sorte qu'elles formaient un spectacle majestueux que nous ne nous attendions pas à voir dans ces mers. Des massues, des piques et des pierres composaient leurs instrumens de guerre. Les bâtimens étaient rangés près les uns des autres, la proue tournée vers la côte : le vaisseau amiral occupait le centre. Indépendamment des bâtimens de guerre, on voyait cent soixante-dix doubles pirogues moindres, toutes portant une petite cabane, avec un mât et une voile, ce dont manquaient les pirogues de guerre. Nous les jugeâmes destinées aux transports, à l'avitaillement, etc., car ils ne laissent dans les bâtimens de guerre aucune espèce de provisions. Je calculai qu'il n'y avait pas moins de sept mille sept cent soixante hommes sur ces trois cent trente bâtimens : ce nombre paraît d'autant plus incroyable, qu'on nous dit qu'ils appartenaient seulement aux districts d'Attahourou et d'Ahopatéea. Dans ce compte, je suppose que chaque pirogue de guerre contenait quarante hommes, guerriers et rameurs, et chacune des petites huit hommes. Quelques-uns de nos messieurs évaluèrent à un nombre supérieur la quantité de monde qui se trouvait sur les pirogues de guerre : il est sûr que la plupart semblaient avoir besoin de plus de pagayeurs que je ne leur en suppose ; mais, je le répète, je crois qu'elles n'avaient pas leur monde complet. Topia m'apprit, dans mon premier voyage, que toute l'île ne levait que six ou sept mille hommes ; mais, puisque deux districts fournissaient ce nombre de soldats, ses calculs devaient être ceux des anciens temps, ou bien il n'y comprenait que les *tatitous*, c'est-à-dire les guerriers ou les hommes adonnés aux armes dès leur enfance, et non pas les rameurs, ni ceux qui étaient nécessaires à la manœuvre des autres pirogues : je crois, au reste, qu'il parlait de la milice sur pied, et non pas de toutes les forces que l'île peut mettre en campagne au besoin.

» Le spectacle de cette flotte agrandissait encore les idées de puissance et de richesses que nous avions de cette île, et tout l'équipage était dans l'étonnement en pensant aux outils imparfaits que possèdent ces insulaires ; nous admirions la patience et le travail qu'il leur a fallu pour abattre des arbres énormes, couper et polir les planches, et enfin porter ces lourds bâtimens à un si haut degré de perfection. C'est avec une hache de pierre, un ciseau, un morceau de corail et une peau de raie, qu'ils avaient fait ces ouvrages.

» Après avoir bien examiné cette flotte, je désirai beaucoup de revoir l'amiral, afin d'aller avec lui à bord des pirogues de guerre. Nous demandâmes en vain de ses nouvelles. Je mis à terre pour m'informer où il était; mais il y avait tant de bruit et tant de foule, que personne ne fit attention à ce que je disais. Enfin Ti arriva, et me chuchota à l'oreille qu'O-tou était parti pour Matavaï; il me conseilla de retourner et de me rembarquer pour descendre dans un autre endroit. Je suivis son conseil, qui fit naître dans notre esprit différentes conjectures. Nous en conclûmes que Taouha était un chef puissant et mécontent, qui se disposait à faire la guerre à son souverain; car nous n'imaginions pas qu'O-tou pût avoir d'autre raison de quitter O-parri comme il le fit.

» A peine fûmes-nous hors d'O-parri, que toute la flotte se mit en mouvement du côté de l'ouest, d'où elle venait. En arrivant à Matavaï, nos amis nous dirent qu'elle faisait partie d'un armement destiné contre Eimeo, dont le chef avait secoué le joug de Taïti et s'était rendu indépendant. On nous apprit encore qu'O-tou n'était pas à Matavaï, et même qu'il n'y était point venu; de sorte que nous ne concevions pas les raisons de sa fuite d'O-parri. Ceci nous engagea à y retourner une seconde fois l'après-midi : nous l'y retrouvâmes alors, et nous sûmes qu'il avait évité de me voir le matin, parce que, quelques-uns de ses sujets ayant volé plusieurs de nos vêtemens qu'on lavait à terre, il craignait que je n'en exigeasse la restitution. Il me demanda à diverses reprises si je n'étais pas fâché; et quand je l'assurai que non, et que les voleurs pouvaient garder les effets, il parut satisfait. Taouha prit l'alarme en partie pour le même sujet. Il pensa que le mécontentement m'empêchait d'aller à bord de son bâtiment, et que je n'aimais pas voir dans mon voisinage tant de forces dont je ne connaissais pas la destination. Ainsi une méprise m'ôta l'occasion d'examiner avec plus de soin une partie des forces navales de cette île, et de m'instruire davantage de leurs manœuvres. Une pareille circonstance ne se présentera plus, car la flotte était commandée par un chef brave, intelligent et éclairé, qui aurait répondu à toutes mes questions; et comme nous aurions eu les objets sous les yeux, nous nous serions sûrement entendus les uns les autres. Malheureusement Oedidi ne nous accompagnait pas ce matin-là; et Ti, le seul homme sur qui nous pouvions compter, ne servait qu'à nous embarrasser davantage.

» Le matin du 27 avril, Taouha m'envoya deux gros cochons et des fruits par deux de ses domestiques, à qui il avait donné ordre de ne rien recevoir; et en effet, je leur offris des présens qu'ils ne voulurent point accepter. Bientôt j'allai à O-parri, où je trouvai ce chef et le roi; et après être resté peu de temps à terre, je les ramenai dîner à bord, ainsi que Tarevatou, frère cadet du roi, et Ti : en approchant de mon vaisseau, l'amiral, qui n'en avait jamais vu, témoigna une extrême surprise. On le conduisit dans l'intérieur du bâtiment, et il en examina toutes les parties avec une grande attention. O-tou faisait les honneurs et lui expliquait tout, car alors il connaissait bien la structure de *la Résolution*. Taouha, ayant dîné, mit un cochon dans les entreponts, et se retira sans que j'en susse rien ; il ne me laissa pas le temps de le remercier, par des libéralités, de ce présent, ni de celui qu'il m'avait fait le matin : le roi et sa suite partirent aussi bientôt. O-tou montrait du respect pour ce chef : il désirait que je lui en témoignasse de mon côté; et cependant il en avait conçu de la jalousie, je ne sais pourquoi. Il nous avait avoué franchement la veille que Taouha n'était pas son ami. Ces deux chefs me sollicitèrent à bord de les aider contre Tierrebou, quoique la paix régnât alors entre les deux royaumes; et on me dit que leurs forces réunies allaient marcher contre Eimeo. Je ne sais pas s'ils me firent cette proposition dans la vue de rompre avec leurs voisins et leurs alliés en cas que je promisse du secours, ou seulement pour sonder mes dispositions; probablement ils auraient embrassé volontiers une occasion qui les mît en état de conquérir ce royaume, et de le réunir au leur comme autrefois. Quoi qu'il en soit, je n'entendis plus parler de ce projet, et je ne dis rien qui pût les y encourager. »

Forster ajoute ce qui suit : « Je fus frappé de l'extrême attention que portait Taouha sur toutes les parties du bâtiment : il admirait la force et la grosseur des couples, des mâts et des cordages ; et il trouva nos manœuvres et nos machines si supérieures à celles de son pays, qu'il nous demanda plusieurs choses, et surtout des câbles et des ancres. Il était alors vêtu comme le reste du peuple, et nu jusqu'à la ceinture, à cause de la présence du roi : j'eus peine à le reconnaître ; il avait beaucoup d'embonpoint et un ventre énorme, que les longs plis de ses habits militaires cachaient la veille. Ses cheveux étaient gris-argent, et sa physionomie la meilleure et la plus prévenante que j'aie jamais vue sur ces îles. Il mangea de bon cœur, ainsi qu'O-tou, ce qu'on lui servit. Le roi, qui se mettait fort à son aise, ne se gênait pas plus que chez lui, et il prenait plaisir à instruire Taouha de nos manières. Il lui apprit à se servir du couteau et de la fourchette, à manger du sel avec la viande et à boire du vin. Il badinait sur la couleur rouge du vin, et au moment où il allait l'avaler, il disait que c'était du sang. Taouha ayant goûté du grog, qui est composé d'eau-de-vie et d'eau, voulut aussi goûter de l'eau-de-vie seule, et l'appela *evaï no Bretanni*, de l'eau de la Bretagne ; il en but un verre sans faire de grimaces. Il fut très-gai, ainsi que sa majesté, et ils montrèrent l'un et l'autre beaucoup de goût pour notre manière de vivre et d'apprêter les alimens.

» Dans la foule de pirogues qui ne cessaient de nous entourer il y avait toujours des chefs de district qui nous apportaient des cochons et ce qu'ils avaient de plus précieux, pour les échanger contre des plumes rouges, auxquelles ils mettaient un prix extravagant. Ces plumes produisirent une grande révolution dans les liaisons des femmes avec nos matelots ; ceux qui avaient eu soin de faire provision de cette marchandise précieuse aux îles des Amis recevaient les avances des Taïtiennes, et choisissaient parmi elles celles qui leur plaisaient davantage. Le fait suivant prouvera quelles tentations irrésistibles ces plumes excitaient dans l'âme des Taïtiens. J'ai dit ailleurs que les femmes des chefs ne permettaient aucune liberté aux Européens, et que, si avant le mariage les filles accordaient leurs faveurs, les épouses ne souillaient point la couche nuptiale ; cependant un chef vint offrir sa femme à Cook, et la Taïtienne, suivant l'ordre de son mari, essaya de séduire le capitaine : elle montra ses charmes avec beaucoup d'immodestie. Je fus fâché que cette proposition vînt de la part de Potatou, dont le caractère était d'ailleurs sans tache ; mais après nous avoir déployé tant de grandeur, il se porta à cet excès de bassesse. Sa conduite nous inspira une indignation que nous ne pûmes pas nous empêcher de lui témoigner ; nous lui fîmes de sanglans reproches sur sa faiblesse. Heureusement les matelots avaient vendu aux Marquésas une quantité considérable de ces plumes rouges avant de savoir le prix qu'elles auraient à Taïti. Si toutes ces richesses y avaient été apportées, il est probable que la valeur des provisions se serait tellement accrue, que nous aurions obtenu moins de rafraîchissemens que lors de notre première relâche. Une seule plume formait un présent d'une extrême valeur, et fort supérieur à un grain de verroterie et à un clou; le plus petit morceau d'étoffe revêtu de ces plumes produisait l'ivresse de joie que ressentirait un Européen qui trouverait le diamant du grand-mogol. Potatou nous apporta son casque monstrueux de cinq pieds de haut, et l'échangea contre des plumes; d'autres suivirent son exemple, et chaque matelot acheta des boucliers sans nombre. Ce qui est plus étonnant, ils nous offrirent ces singuliers habits de deuil dont il est question dans le premier voyage de Cook, qu'ils refusèrent absolument d'échanger en 1769. Ces vêtemens, composés des productions les plus rares de l'île et de la mer qui l'environne, et travaillés avec un soin et une adresse extrêmes, doivent être parmi eux d'un prix considérable. Nous n'en achetâmes pas moins de dix, qu'on a rapportés en Angleterre. Le capitaine Cook en a donné un au muséum britannique.

» Ordinairement le plus proche parent du mort porte cet habillement bizarre; il tient dans sa main deux grandes coquilles perlières avec lesquelles il produit un son continuel, et dans l'autre un bâton armé de dents de requin dont ils blessent tous ceux qui s'approchent par hasard de lui. Je ne sais pas quelle a été l'origine de cette singulière coutume; mais il me semble qu'elle est destinée à inspirer de l'horreur, et l'ajustement fantastique décrit dans la relation du premier voyage du capitaine Cook ayant cette forme effrayante et extraordinaire que les nourrices attribuent aux esprits et aux fantômes, je suis tenté de croire qu'il y a quelque superstition cachée sous ce rit funéraire. Peut-être imaginent-ils que l'âme du mort exige un tribut d'affliction et de larmes, et c'est pour cela qu'ils s'appliquent des coups de dents de requin. Quoi qu'il en soit, les naturels ne nous ont donné aucune lumière sur ce sujet. Ils nous parlaient en détail de la cérémonie et du vêtement; mais il n'a pas été possible de nous faire entendre quand nous demandions la cause de cet usage. Oedidi découvrit seulement qu'à la mort d'un homme c'est une femme qui accomplit le rit funéraire, et que c'est un homme à la mort d'une femme.

» En Angleterre, les habits de deuil de Taïti ont excité tant de curiosité, qu'un matelot en a vendu un vingt-cinq guinées. Les Taïtiens, à cet égard, ne le cèdent en rien aux nations civilisées. Après qu'Oedidi eut raconté tout ce qu'il savait des pays qu'il avait vus, les chefs nous demandèrent sans cesse des curiosités de Tongatabou, Ouaïhou et Ouaïtahou (1), plutôt que des marchandises d'Angle-

(1) De l'île d'Amsterdam, de l'île de Pâques, et de Sainte-Christine.

terre. Les ajustemens de tête en plumes des deux dernières îles, et les paniers, les massues et les étoffes peintes de la première leur plaisaient extrêmement ; ils acquéraient avec empressement les nattes de Tongatabou, quoiqu'en général elles fussent pareilles à celles qu'ils fabriquent. Nos matelots profitèrent de cette fantaisie pour les tromper; ils leur vendaient, sous le nom de Tongatabou, des nattes achetées aux îles de la Société. Ainsi il existe une ressemblance universelle dans les goûts des hommes de tous les pays.

» Ce rapport nous parut encore plus frappant en les voyant écouter avidement les histoires d'Oedidi leur compatriote. Ils le suivaient toujours en foule; les vieillards lui témoignaient beaucoup d'estime, et les principaux personnages de l'île, sans en excepter la famille royale, recherchaient sa compagnie. Outre le plaisir de l'entendre, ils obtenaient de lui des présens fort riches : il passait son temps si agréablement à terre, où il trouvait à chaque pas de nouveaux amis, qu'il venait rarement à bord, à moins que ce ne fût pour y chercher quelques-uns de ses trésors, ou pour montrer le bâtiment à ses connaissances, et les présenter au capitaine et à ses compagnons de voyage. Ce qu'il racontait cependant paraissait quelquefois trop merveilleux pour être cru; et alors les Taïtiens nous demandaient s'il disait la vérité. La pluie changée en pierre, les rochers blancs et les montagnes solides que nous convertissions en eau douce, enfin le jour perpétuel du cercle antarctique, leur semblaient surtout si inconcevables, que nous eûmes peine à le leur persuader. Ils crurent plus aisément ce qu'on leur raconta des cannibales de la Nouvelle-Zélande, quoique cet usage les remplît d'horreur.

» Oedidi, pendant une excursion que fit mon père, amena sur *la Résolution* une troupe de Taïtiens pour leur montrer la tête du Zélandais que M. Pickersgill conservait dans de l'esprit-de-vin. Après qu'on la leur eut fait voir, d'autres accoururent bientôt en foule, afin de jouir d'un si étrange spectacle. Je fus présent toutes les fois qu'on l'exposa devant eux, et, ce qui m'étonna, ils ont dans leur langage le terme de *te taë-aïï*, mangeurs d'hommes, qu'ils prononcèrent tous dès le premier abord. En proposant des questions sur cette circonstance extraordinaire aux chefs et aux insulaires les plus intelligens, ils me dirent qu'ils savent par tradition que très-anciennement il existait dans leurs îles des mangeurs d'hommes d'une taille très-robuste, qui causèrent de grands ravages dans le pays ; mais que cette race abominable était éteinte depuis long-temps. O-maï, avec qui j'ai causé sur ce sujet en Angleterre, m'a dit depuis la même chose, et en termes encore plus forts. Faut-il en conclure qu'une troupe de cannibales descendirent jadis dans cette île ? ou n'est-il pas évident plutôt que les Taïtiens furent autrefois anthropophages avant d'arriver à ce degré de civilisation qu'ont amenée par la suite l'excellence de leur pays et de leur climat, et la profusion de végétaux et de nourritures animales dont ils jouissent? Plus on examine l'histoire des différentes nations, et plus cet usage semble universel. On voit encore à Taïti des restes d'anthropophagie. Le capitaine Cook y remarqua en 1769, quinze mâchoires récemment détachées d'autant de cadavres, et suspendues devant une maison.

» Pendant la nuit du 28, un des naturels, essayant de voler une futaille à l'aiguade, fut surpris en flagrant délit, envoyé à bord, et mis aux fers ; O-tou et les autres chefs le virent dans cette situation. Après que le capitaine leur eut exposé le crime du prisonnier, O-tou demanda sa liberté ; il la refusa, en disant que, puisque nous punissions les hommes de notre équipage quand ils commettaient la moindre offense envers ses sujets, il était juste aussi de châtier ce Taïtien. En conséquence, il ordonna qu'on conduisît le voleur à terre dans les tentes, et le suivant avec O-tou et Taouha, il fit mettre la garde sous les armes, et attacher l'Indien à un poteau. O-tou, sa sœur, et plusieur naturels demandèrent sa grâce avec instance ; Taouha, sans proférer un seul mot, était fort attentif à tout ce qui se passait. Le capitaine adressa alors des plaintes au roi sur la conduite de cet homme, et sur celle de son peuple en général ; il lui dit que nous ne leur

prenions rien sans les payer; et, énumérant
les différens articles que nous leur donnions
en échange de leurs provisions, animaux, outils, étoffes, etc., il insista particulièrement
sur ce qu'ils avaient tort de nous voler, puisque nous étions leurs amis; ajoutant que le
châtiment de cet homme serait un moyen de
sauver la vie à quelques-uns de ses compatriotes, en les détournant de commettre de pareils
crimes, pour lesquels ils seraient tués tôt ou
tard à coups de fusil. Ces argumens, qu'il
comprit très-bien, parurent le persuader, et
il supplia seulement que l'homme ne fût pas
mattéerou (mis à mort). Alors on commanda
à la foule, qui était assez nombreuse, de se tenir à une distance convenable; et en présence
de l'assemblée, le voleur reçut vingt-quatre
coups de fouet; il les supporta avec beaucoup
de fermeté. Les naturels s'enfuirent effrayés;
mais Taouha, courant après eux, les rappela
et les harangua plus d'une demi-heure. Son
discours était composé de phrases courtes dont
on n'entendit que quelques-unes ; mais, à ce
que nous apprîmes, il récapitula une partie de
ce que le capitaine venait de dire à O-tou ; il
exposa les divers avantages que nous leur
avions procurés, et, condamnant leur conduite passée, il leur recommanda d'en avoir
une différente à l'avenir. La grâce de ses gestes et l'attention de ses auditeurs le firent
paraître à nos yeux un grand orateur.

» O-tou ne dit pas un mot : dès que Taouha

eut fini sa harangue, on ordonna aux soldats de marine de faire l'exercice, et de tirer des volées à balles; comme ils étaient très-prompts dans leurs manœuvres, il est plus aisé de concevoir que de décrire l'étonnement des insulaires, surtout de ceux qui n'avaient rien vu de semblable auparavant. Les chefs prirent ensuite congé et se retirèrent avec leur cortége, plus effrayés peut-être que charmés de ce qu'ils avaient vu.

» Taouha revint l'après-midi avec sa femme, qui était très-âgée, et qui semblait avoir un aussi bon caractère que son mari : ils montaient une grande double pirogue, garnie d'un tendelet sur l'arrière, et conduite par huit pagayeurs ; ils nous invitèrent, M. Hodges et moi, dit Forster, à entrer dans leur bâtiment, et nous les accompagnâmes à O-parri. Pendant la route, Taouha nous fit différentes questions, et en particulier sur la nature et la constitution de notre patrie. Il croyait que M. Banks était au moins frère du roi, et le capitaine Cook grand-amiral ; il fut fort étonné et il nous écouta avec une extrême attention quand nous lui apprîmes qu'il se trompait ; mais, dès que nous lui dîmes que nous n'avions ni cocos, ni arbres à pain, il parut avoir assez mauvaise opinion de notre pays, malgré les avantages que nous lui exposions d'ailleurs. En débarquant, il ordonna de servir un repas de poissons et de fruits : nous venions de quitter la table avant de partir du bord ; mais ne voulant pas le blesser, nous nous assîmes et nous mangeâmes des mets excellens :

nous comparions cet heureux pays au paradis de Mahomet, où l'appétit n'est jamais rassasié. J'ai oublié de dire que, voulant tout de suite manger avec nos mains, Taouha nous arrêta, et nous pria d'attendre ; bientôt un homme de sa suite apporta un grand couteau de cuisine et des bâtons de bambou qui devaient nous tenir lieu de fourchettes. Taouha découpa les mets, et il nous donna à chacun un bambou, en disant qu'il mangerait à la manière anglaise ; au lieu de porter son fruit à pain à sa bouche en gros morceaux, il le coupait en petites parcelles, et il en prenait une après chaque bouchée de poisson, pour montrer que, depuis le temps qu'il avait dîné avec nous, il n'avait pas oublié nos usages. Sa femme dîna à part quand nous eûmes fini, suivant la coutume invariable du pays. Après nous être promenés, et après avoir causé avec eux jusqu'au coucher du soleil, nous nous embarquâmes sur leur pirogue, pour aller au canton d'Attahourou, dont une partie appartenait à Taouha. Ils nous firent de tendres adieux, et promirent de revenir au bâtiment sous peu de jours. Nous louâmes une double pirogue pour un clou, et nous fûmes de retour à bord avant la nuit.

» Le nombre des prostituées était fort augmenté sur notre bord, depuis que nous avions montré les plumes rouges ; cette nuit plusieurs rôdèrent autour des ponts, cherchant des amoureux. Le porc frais les attirait aussi ; car, privées chez elles de ce mets exquis, elles tâchaient

d'en obtenir de nous ; quand elles en venaient
à bout, elles en mangeaient une quantité incroyable ; la digestion les exposait ensuite à de
grands embarras, et elles troublaient souvent
les matelots qui voulaient dormir après les fatigues de la journée : dans certaines occasions
pressantes, elles désiraient être accompagnées
de leurs amans ; mais comme ceux-ci n'y consentaient pas toujours, les entreponts se remplissaient d'ordures. Tous les soirs ces femmes se
divisaient en différentes troupes, qui dansaient
sur les gaillards d'arrière et d'avant, et sur le
milieu du pont ; leur gaieté était tumultueuse,
et approchait quelquefois de l'extravagance ;
d'autres fois l'originalité et la bizarrerie de leurs
idées nous amusaient. Un de nos scorbutiques,
à qui les nourritures végétales avaient rendu
un peu de force, excité par l'exemple de ses
camarades, fit sa cour à une Taïtienne, la
mena vers le soir dans son poste, et alluma une
chandelle. L'Indienne regarda son amant en
face, et s'apercevant qu'il avait perdu un œil,
elle le prit par la main, et le conduisit sur le
pont auprès d'une fille qui avait éprouvé le
même accident, et lui dit : *Celle-ci vous convient ; mais, pour moi, je n'aurai pas de privautés avec un borgne.*

» Le premier mai, mon père alla à terre, et
trouva O-retti, le chef d'O-hiddéa, canton et
havre où mouilla Bougainville. Ce chef demanda au capitaine Cook si, à son retour en Angleterre, il verrait Bougainville, qu'il appelait

Potaveri; sur la réponse négative du capitaine, il adressa la même question à mon père, qui lui dit que cela était possible, quoiqu'il ne vécût pas dans le même royaume. *Alors,* répliqua O-retti, *dites-lui que je suis son ami, et que je désire le revoir à Taïti; et afin que vous vous souveniez de ma commission, je vous enverrai un cochon dès que je serai chez moi.* Il se mit ensuite à raconter que son ami Bougainville avait deux vaisseaux, et sur l'un d'eux une femme laide : il revint souvent à cette circonstance; car il lui paraissait extraordinaire qu'une femme seule s'embarquât dans une pareille expédition. Il parla aussi de l'arrivée d'un vaisseau espagnol, que nous avions dejà apprise durant notre premier relâche; mais il nous assura que lui et ses compatriotes ne sentaient pas beaucoup d'affection pour ces étrangers.

» Nous apprîmes qu'Oedidi venait d'épouser la fille de Toperri, chef de Matavaï : l'un des midshipmen nous dit qu'il avait assisté à ce mariage, et qu'il avait vu un grand nombre de cérémonies ; mais, quand on le pria de nous les raconter en détail, il répondit que, quoiqu'elles fussent très - curieuses, il ne pouvait s'en rappeler aucune; et que d'ailleurs, s'il s'en souvenait, il ne saurait pas comment s'exprimer. De cette manière, nous perdîmes l'occasion de faire des découvertes intéressantes sur les usages de ces insulaires. C'est dommage qu'un observateur intelligent n'ait pas été témoin de ce mariage. Oedidi amena son épouse à bord ; elle était très-jeune, d'une petite taille, et sa beauté n'avait rien de remarquable ; mais, très-versée dans l'art de demander des présens, elle allait sur chaque partie du vaisseau, rassemblant une grande quantité de grains de verroterie, de clous, de chemises et de plumes rouges, que chacun s'empressait de lui donner, parce que aimions tous son mari. Oedidi nous nous apprit qu'il désirait beaucoup de s'établir à Taïti, parce que ses amis lui offraient des terres, une maison, et des propriétés de toute espèce ; il était agrégé à la famille d'un eri, estimé par le roi lui-même, et respecté de tous les insulaires ; et même un de ses amis lui avait donné un domestique, ou teouteou, qui, ne le quittant jamais, exécutait ponctuellement ses ordres, et qui enfin par sa soumission et son obéissance ressemblait à un esclave.

» Quoique Oedidi eût renoncé au projet de venir en Angleterre, Houno, jeune homme plein d'intelligence, souhaitait de visiter cette contrée ; il pria instamment mon père, ainsi que plusieurs autres de nos messieurs, de le prendre à bord. Mon père ayant proposé de se charger de tous les frais, le capitaine Cook y consentit sur-le-camp ; et on annonça au Taïtien qu'il devait s'attendre à ne jamais revoir sa patrie, parce que peut-être on n'enverrait pas un autre vaisseau à Taïti. Houno était trop empressé de partir pour que cette difficulté l'arrêtât ; il sacrifia l'espoir de retourner dans son pays au plaisir de connaître le nôtre ; mais le soir, le capitaine déclara qu'il ne voulait point le recevoir sur son vaisseau, et le jeune homme fut obligé de rester à Taïti. Comme nous nous proposions de lui faire apprendre les métiers de charpentier et de serrurier, il serait retourné dans son île avec des connaissances au moins aussi utiles qu'O-maï, qui, après un séjour de deux ans en Angleterre, sera en état d'amuser ses compatriotes avec la musique d'une orgue portative, ou avec des marionnettes.

» Le lendemain, à notre retour, nous y trouvâmes toute la famille royale, et dans la foule, Néehourraï, sœur aînée d'O-tou, mariée à Taré-Deré, fils d'Amo. Taré-Ouatou, frère du roi, resta parmi nous, après que tous les autres furent partis, et passa la nuit à bord. Pour l'amuser, on tira des feux d'artifice du haut des mâts, ce qui lui causa un extrême plaisir. A souper, il nous fit l'énumération de tous ses parens, et il nous raconta l'histoire de Taïti. O-maï m'a confirmé, en Angleterre, tous les détails qu'il me donna ; il nous apprit qu'O-ammo, Happaï et Toutahah étaient trois frères, et qu'O-ammo, comme le plus vieux, avait la souveraineté de tout Taïti. Il épousa O-poréa (Obéréa), princesse du sang royal, et il en eut Taré-Derré, qui fut appelé, dès le moment de sa naissance, *Eri-Rahaï*, ou roi de Taïti. Sous le règne d'O-ammo, le capitaine Wallis visita l'île, et trouva Obéréa revêtue de l'autorité souveraine. Environ un an après son départ, une guerre s'alluma entre O-ammo et

son vassal Ouahitoua, roi de la plus petite péninsule. Ouahitoua débarqua à Paparra, où
O-ammo résidait; et, après avoir mis en dé-
route ses troupes, et massacré une grande partie de ses soldats, il brûla les plantations et les
cabanes, et emmena tous les cochons et toutes
les volailles qu'il put trouver. O-ammo et
Obéréa, avec toute leur suite, dont O-maï
m'a dit qu'il faisait partie, s'enfuirent dans les
montagnes au mois de décembre 1768. Le conquérant consentit enfin à la paix, à condition
qu'O-ammo se dépouillerait du gouvernement,
et que le droit de succession serait ôté à son
fils, et donné à O-tou, fils aîné de son frère
Happaï. La convention fut agréée, et Toutahah, frère cadet d'O-ammo, fut nommé régent.
Cette révolution ressemble beaucoup à celles
qui arrivent souvent dans les royaumes despo-
tiques de l'Asie : il est rare que le conquérant
ose gouverner le pays qu'il a subjugué; ordinairement il le pille, et il y nomme un autre souverain, qu'il choisit dans la famille régnante.

» Obéréa avait de fréquentes querelles avec
son mari, et elle le battait souvent. Ils se sé-
parèrent : le mari prit pour maîtresse une jeune
femme très-belle; et Obéréa, de son côté, pro-
digua ses faveurs à Obadi et à d'autres amans.
Les infidélités d'O-ammo semblent avoir été
le fondement de ces disputes : ces brouilleries,
qui ne sont pas aussi communes à Taïti qu'en
Angleterre, arrivent cependant quelquefois,
surtout si la femme commence à perdre ses

charmes, et exige toujours les mêmes soins. Voici un second fait dont nous fûmes témoins. Polatehéra, jadis femme de Patatou, mais qui en était alors séparée, avait pris en sa place un jeune mari ou amant, dès qu'elle avait vu son premier amant s'attacher à une autre Taïtienne. Le jeune homme aimait une fille de son âge; ils se donnaient des rendez-vous sur notre vaisseau ; et comme ils ne cachaient pas bien leurs amours, on les découvrit. La fière Polatehéra les surprit un matin, donna à sa rivale plusieurs coups sur la tête, et fit à l'amant coupable une sévère réprimande.

» Le capitaine Cook trouva, en 1767, le gouvernement de Taïti dans les mains de Toutahah : ce prince, devenu fort riche par les présens qu'il avait reçus des Anglais, après le départ de *l'Endeavour*, persuada aux chefs de Taïti-Noué, ou de la grande péninsule, de marcher contre Ouahitoua, qui avait fait un si grand outrage à sa famille. Ils équipèrent une flotte, et se rendirent à Tierrebou, où Ouahitoua se prépara à les recevoir : mais comme c'était un vieillard qui désirait finir ses jours en paix, il assura Toutahah, par députés, qu'il était son ami, qu'il lui resterait toujours attaché, et il le conjura de retourner dans son pays, sans attaquer ceux qui l'aimaient. Toutahah, dont ces caresses ne changèrent point la résolution, donna ordre de livrer bataille : la perte fut à peu près égale des deux côtés, et Toutahah se retira, afin d'attaquer l'ennemi

par terre. Happaï et toute sa famille, désap-
prouvant cette entreprise, restèrent à O-parri;
mais Toutahah emmena O-tou, et marcha sur
l'isthme situé entre les deux péninsules; Ouahitoua vint à sa rencontre : il se livra un combat sanglant; Toutahah y périt, et son armée
fut dispersée. Quelques Taïtiens nous dirent
qu'il fut fait prisonnier, et mis à mort ensuite;
mais d'autres, et surtout O-maï, nous assurèrent qu'on le trouva dans le fort de la mêlée.
O-tou se retira en hâte au fond des montagnes
avec un petit nombre d'amis choisis; et Ouahitoua, suivi de ses forces victorieuses, marcha
sur-le-champ à Matavaï et à O-parri. A son
arrivée, Happaï s'enfuit, mais Ouahitoua lui
fit dire qu'il n'avait aucun différend avec lui
ni avec sa famille, et qu'il avait toujours sou-
haité la paix. O-tou revint bientôt du sommet
des montagnes, et joignit son père, ainsi que
tous ceux qui l'accompagnaient. Une paix générale fut conclue : O-tou prit les rênes du
gouvernement, et les améliorations que nous
remarquions depuis huit mois semblent prouver qu'il travaille avec intelligence au bien-être
de ses sujets.

» Taré-Ouatou nous apprit en outre que
son père avait huit enfans : 1°. Tedoua Née-
houarraï, âgée d'environ trente ans, et mariée à Taré-Deré, fils d'Oammo; 2°. Tedoua
Toouraï, âgée de vingt-sept ans, qui n'était
pas encore mariée, et qui semblait avoir une
aussi grande autorité parmi les femmes que le

roi son frère en avait sur toute l'île; 3°. O-tou, éri-rahaï, ou roi de Taïti, qui a environ vingt-six ans : Ouahitoua est obligé de découvrir ses épaules en sa présence, comme devant son légitime seigneur; 4°. Tedoua-Tehamaï, morte jeune; 5°. Taré-Ouatou, qui semblait âgé d'environ seize ans; il nous dit qu'il portait un autre nom, que j'ai oublié; d'où je conclus que celui que je viens d'énoncer était son titre; 6°. Toubouaïteraï, appelé aussi *Mayorro*, âgé de dix ou onze ans ; 7°. Eaérétoua, petite fille de sept ans; et 8°. Tepaou, petit garçon de quatre ou cinq ans. Une chevelure touffue et un air de bonne santé, sans trop d'embonpoint, paraissaient caractériser toute la famille; en général, leurs traits étaient agréables, mais ils avaient le teint un peu brun, si on en excepte celui de Néehourraï et d'O-tou : ils étaient chéris de la nation, qui aime passionnément ses chefs : leur conduite est en effet si affable et si affectueuse, qu'elle inspire une bienveillance universelle. Tedoua-Toouraï accompagnait ordinairement le roi son frère, quand il venait nous voir à bord; elle ne croyait pas s'abaisser en vendant aux matelots des fruits et différentes curiosités pour des plumes rouges. Se trouvant un jour dans la grand'-chambre avec O-tou, le capitaine et mon père, elle regardait des tas d'outils de fer et d'autres marchandises : le capitaine ayant été appelé sur le pont, elle chuchota quelque chose à son frère, qui à l'instant s'efforça de détourner l'at-

tention de mon père en lui proposant diverses
questions. Mon père, qui s'aperçut de ses dés-
seins, fit semblant de ne pas regarder autour
de lui, et la princesse, croyant ne pas être
vue, cacha deux grands clous dans les plis de
son vêtement. Quand le capitaine rentra, mon
père l'avertit de ce petit stratagème; mais ils ju-
gèrent qu'il valait mieux n'en rien dire que l'é-
bruiter. On remarquera que, toutes les fois
qu'elle avait témoigné du goût pour quelques-
unes de nos richesses, on ne les lui avait jamais refusées; au contraire, nous lui en donnions plus qu'elle n'en demandait. Il est donc
extraordinaire qu'elle ait eu la tentation de
voler une chose qu'elle pouvait acquérir hon-
nêtement. Plusieurs des femmes qui étaient à
bord l'accusaient de conduire dans son lit des
teouteous, ou des hommes d'un rang inférieur,
sans que son frère en sût rien. Dans un pays
où l'on suit librement les mouvemens de la
nature, on ne peut pas attendre de la réserve
de ceux à qui le rang permet encore plus
qu'aux autres de faire toutes leurs volontés.
Les passions sont les mêmes partout : le même
instinct domine l'esclave et le prince, et produit toujours le même effet dans tous les
pays.

» Le 14 mai, Oedidi se rendit à bord, et
nous apprit qu'il se décidait à rester dans l'île;
mais on le détermina à nous accompagner à
Ouliétéa. Il présenta au capitaine plusieurs
insulaires de Bolabola, dont l'un était son

frère. Ils demandaient à être transportés aux îles de la Société ; le capitaine y consentit.

» Tout transporté de joie, il nous annonça en secret qu'il avait partagé la couche d'Obéréa la nuit dernière : il regardait cette faveur signalée comme une marque de distinction, et il nous montra plusieurs pièces de l'étoffe la plus fine qu'elle lui avait donnée. Obéréa, malgré sa vieillesse, conservait donc encore des désirs très-vifs.

» Bientôt après, continue Cook, Taouha, Potatatou, O-ammo, Happaï, Obéréa, et quelques autres de nos amis, nous apportèrent des fruits, etc. Pour monter Taouha sur le vaisseau, on descendit un fauteuil soutenu par des cordes, et nous le hissâmes en haut ; ce qui lui fit un grand plaisir, et ce qui étonna beaucoup ses compatriotes. On le plaça ensuite sur le gaillard d'arrière : sa femme était avec lui. Parmi divers présens que je lui fis, se trouvait une flamme anglaise qui l'enchanta d'autant plus qu'on lui en apprit l'usage.

» Nous parlâmes de l'expédition projetée contre Eiméo, et Taouha continua de nous assurer qu'elle aurait lieu immédiatement après notre départ. Malgré sa maladie, il était déterminé à commander la flotte en personne : il nous dit que sa vie était peu importante, puisqu'il ne pouvait pas être long-temps utile à son pays. Quoique très-infirme, il était fort gai ; tous ses sentimens annonçaient le véritable héroïsme : il prit congé de nous avec une tendresse et une cordialité extrêmes.

» Dès que nous eûmes renvoyé nos amis,
nous aperçûmes un grand nombre de pirogues
de guerre doublant la pointe d'O-parri. Voulant les examiner de plus près, je me rendis en
hâte au rivage avec quelques-uns de nos messieurs ; j'arrivai avant que les pirogues eussent
débarqué, et j'eus occasion de voir de quelle
manière elles approchent de terre. Quand elles
se trouvèrent devant l'endroit où elles proje-
taient d'attérir, elles se formèrent en divisions
composées de trois ou quatre bâtimens (peut-
être qu'il y en avait un peu plus dans chaque
division) qui se suivaient de près, et ensuite
chaque division, l'une après l'autre, pagaya
de toutes ses forces vers le rivage : la manœuvre s'exécuta d'une manière si adroite,
qu'elles formèrent le long de la grève une ligne
qui n'avait pas un pouce d'inflexion. Les rameurs étaient excités par leurs chefs, placés
sur les plates-formes, et dirigés par un homme
qui tenait une baguette à la main, et qui occupait l'avant de la pirogue du milieu. Ce con-
ducteur annonçait aux rameurs, par des paroles
et par des gestes, quand ils devaient pagayer
tous à la fois, quand l'un des côtés devait s'arrêter, etc. La promptitude de tous leurs mouvemens prouvait leur habileté dans la manœuvre ; ensuite nous mîmes à terre, et nous
allâmes à bord de plusieurs de ces pirogues,
afin de les mieux considérer. La flotte, composée de quarante voiles, et équipée de la même
manière que celle dont on a parlé plus haut,

appartenait au petit district de Tettaha, et elle venait à O-parri passer, comme la première, la revue du roi. Elle était suivie de quelques petites pirogues doubles, qu'ils appelaient *marais*, et qui avaient à l'avant une espèce de double couchette couverte de feuilles vertes, chacune suffisante pour contenir un homme. Ils nous dirent que c'est là où l'on dépose les morts : je suppose qu'ils voulaient parler des chefs, car autrement ils devaient perdre peu de monde dans les combats. O-tou, qui était présent, eut la bonté d'ordonner, à ma prière, à quelques-unes des troupes de faire leur exercice. Deux détachemens commencèrent d'abord avec des massues ; mais ce combat finit tout de suite : de sorte que je n'eus pas le temps de faire des observations. Ils livrèrent ensuite un combat singulier, et ils montrèrent avec beaucoup de prestesse les différentes manières de se battre ; ils paraient fort adroitement les coups que leurs adversaires essayaient de leur porter ; ils étaient armés de massues et de piques qu'ils lançaient comme des dards ; ils faisaient un saut en l'air pour éviter les coups de massues sur les jambes ; se courbaient un peu et sautaient de côté pour esquiver les coups destinés à la tête : ainsi le coup portait à terre ; ils paraient les coups de pique ou de dard à l'aide d'une pique qu'ils tenaient droit devant eux, et qu'ils inclinaient ensuite plus ou moins, suivant la partie du corps qu'attaquait leur antagoniste. En remuant un peu la main à droite ou à gauche, ils échappaient facilement et d'une manière aisée à toutes les atteintes qu'on essayait de leur porter. Il me sembla que, lorsqu'un combattant avait paré les coups de l'autre, il ne profitait pas de l'avantage qui s'offrait à lui. Par exemple, après avoir paré un dard, il se tenait toujours sur la défensive, laissait son antagoniste en prendre un autre, et ne profitait pas du temps pour le transpercer. Ces champions ne portaient aucun vêtement superflu. Les spectateurs leur enlevèrent une ou deux pièces d'étoffe dont ils étaient couverts, et ils nous les donnèrent. Dès que le combat fut fini, la flotte partit sans suivre aucun ordre. Chaque bâtiment s'empressa de gagner le large le premier, et nous allâmes avec O-tou à un de ses chantiers, où on construisait deux grandes *pahiés*; chacune avait cent huit pieds de long. On était prêt à les lancer, et on voulait en faire une double pirogue. Le roi me demanda un grappin et une corde; j'y ajoutai un petit pavillon anglais et une flamme (dont il connaissait très-bien l'usage), et je le priai de donner à la *pahié* le nom de *Britannia*. Il y consentit, et elle reçut effectivement ce nom.

» L'homme qui commandait la manœuvre, avec une baguette à la main, observe Forster, peut être comparé au κελευçης des navires des anciens Grecs; et cette flotte de Taïti nous rappela souvent les forces navales qu'employait cette nation dans les premiers temps de son histoire. Les Grecs étaient sans doute mieux armés, parce qu'ils faisaient usage des métaux; mais on voit par les écrits d'Homère qu'ils combattaient sans ordre, et que leurs armes étaient aussi simples que celles de Taïti. Les efforts réunis de la Grèce contre Troie ne furent guère plus considérables que l'armement d'O-tou contre l'île d'Eiméo, et il y a apparence que les *mille carinæ*, si célébrées, n'étaient guère plus formidables qu'une flotte de grandes pirogues, qui exigent chacune de cinquante à cent vingt hommes pour les manœuvrer. La navigation des Grecs ne surpassait pas celle des Taïtiens d'aujourd'hui par son étendue, car elle se bornait à de courtes traversées d'une île à l'autre; et comme les étoiles, pendant la nuit, dirigeaient les navigateurs dans l'archipel, elles guident aussi les insulaires du grand Océan. Les Grecs avaient de la bravoure, les blessures nombreuses des chefs de Taïti sont des preuves de leur courage et de leur intrépidité. Il paraît que dans les batailles leur imagination s'exalte jusqu'à la frénésie, et que leur bravoure est toujours en accès. D'après les combats d'Homère, il est évident que l'héroïsme qui produisait les exploits que chante le poëte grec était exactement de la même nature. Qu'il nous soit permis de prolonger encore un peu cette comparaison. On nous peint les héros d'Homère comme des hommes d'une taille et d'une force plus que naturelles; les chefs de Taïti, comparés au bas peuple, sont si supérieurs par leur stature et l'élégance de

leurs formes, qu'ils paraissent être d'une race
différente. Leurs estomacs, d'une dimension
prodigieuse, exigent une quantité extraordinaire d'alimens. Les héros du siége de Troie
sont, comme les chefs de Taïti, fameux par la
quantité d'alimens qu'ils consommaient, et il
paraît que les Grecs n'aimaient pas moins le
porc que les Taïtiens d'aujourd'hui. On observe la même simplicité de mœurs dans les
deux nations, et leur caractère est également
hospitalier, affectueux et humain. Il existe
même de la ressemblance dans leur constitution
politique. Les chefs des districts de Taïti sont
des princes puissans, qui n'ont pas plus de respect pour O-toù que les Grecs n'en avaient pour
Agamemnon ; et on parle si peu du bas peuple
dans l'Iliade, qu'on a lieu de supposer qu'il
avait aussi peu d'importance que les teouteous
du grand Océan. Enfin je pense que la ressemblance pourrait être poussée plus loin ; mais je
n'ai voulu que l'indiquer, sans abuser de la patience des lecteurs. Ce que j'ai dit prouve assez
que les hommes parvenus au même degré de
civilisation se ressemblent les uns les autres
plus que nous ne le croyons, même aux deux
extrémités du monde. Je serais fâché d'avoir
fait ces courtes observations, si elle engageaient
un écrivain systématique à trouver une origine
commune aux Grecs et aux insulaires du grand
Océan. La manie de rapprocher les Égyptiens
et les Chinois, par exemple, a excité tant de
disputes, que les vrais savans désirent qu'elle

ne devienne pas une maladie contagieuse.

» O-tou proposa à mon père et à M. Hodges de rester à Taïti, et il lui promit très-sérieusement de les faire éris ou chefs des riches cantons d'O-parri et de Matavaï. Je ne sais si cette invitation avait des motifs d'intérêt, ou si elle provenait uniquement de la bonté de son cœur. Nous quittâmes cet aimable prince avec l'émotion et la tristesse naturelles en pareilles occasions.

» Un des aides du canonnier fut si enchanté de la beauté de l'île et du caractère de ses habitans, qu'il forma le projet d'y rester. Sachant bien qu'il ne pouvait pas l'exécuter tant que nous serions dans la baie, dès que nous en fûmes dehors, et qu'on eut rentré les chaloupes et déployé les voiles, il se jeta à l'eau : il était bon nageur; mais on le découvrit bientôt : un canot le poursuivit et le reprit. On observa à mi-chemin, entre la *Résolution* et le rivage, une pirogue qui semblait nous suivre, mais qui était destinée à le prendre à bord. Dès que les Taïtiens qui la montaient aperçurent notre canot, ils se tinrent éloignés : notre déserteur avait concerté son plan avec eux : et O-tou, qui en fut instruit, l'avait encouragé. Ils espéraient avec raison qu'un Européen leur procurerait de grands avantages.

» En considérant la position de ce fuyard, observe Cook, il ne me parut pas si coupable, et le désir qu'il avait de rester à Taïti me sembla moins extraordinaire. Il était Irlandais de naissance, et il avait servi dans la marine hollandaise. Je le pris à Batavia au retour de mon premier voyage; il ne m'avait pas quitté depuis. Je ne lui connaissais ni parens, ni amis; rien ne l'engageait à habiter un coin du monde plutôt qu'un autre. Toutes les nations lui étaient indifférentes : et où pouvait-il goûter plus de bonheur que dans une de ces îles? Là, sous le plus beau climat de la terre, il allait jouir des besoins et des aisances de la vie, et achever ses jours dans la tranquillité et l'abondance. Je crois que je lui aurais accordé mon consentement s'il me l'avait demandé dans un temps convenable.

» Dès qu'on l'eut ramené, je le fis mettre aux fers pour quinze jours, et je fis route pour Houaheiné, afin d'y voir nos amis; mais avant de quitter Taïti, il est à propos de parler de l'état actuel de cette île, d'autant plus qu'elle avait beaucoup changé depuis huit mois.

» J'ai déjà indiqué les améliorations qui nous avaient frappés dans les plaines de Matavaï et d'Oparri; nous en observâmes également dans tous les autres cantons. Nous ne concevions pas comment, dans un espace de huit mois, les Taïtiens avaient pu construire tant de grandes pirogues et de maisons. Les outils de fer qu'ils avaient tirés de nous et des autres nations qui ont relâché dernièrement à cette île contribuèrent sans doute à ce progrès, et ils ne manquent pas d'ouvriers, ainsi qu'on le verra bientôt.

» Pendant le séjour que je fis à Taïti l'année précédente, j'avais conçu une opinion assez défavorable des talens d'O-tou. Les progrès que je remarquai dans l'île depuis cette époque me convainquirent de mon erreur : c'est sûrement un homme de mérite. Il est vrai qu'il est entouré de conseillers sensés, qui, je crois, ont une grande part au gouvernement ; au fond je ne sais pas jusqu'où s'étend son pouvoir comme roi, ni quelle autorité il a sur les chefs. Tout paraissait d'ailleurs avoir concouru à l'état florissant de l'île. Sans doute il existe des divisions parmi les grands de cet état, ainsi que dans la plupart des autres pays : autrement, pourquoi le roi nous disait-il que Tahouha l'amiral, et Potatou, deux principaux chefs, n'étaient pas ses amis ? Nous le crûmes jaloux du degré de puissance dont ils jouissaient ; car, dans toutes les occasions, il semblait rechercher leurs bonnes grâces. Nous avons lieu de penser qu'ils venaient de rassembler le plus grand nombre de bâtimens et d'hommes que pouvait fournir l'île pour marcher contre Eiméo, et qu'ils allaient commander tous les deux cette expédition qui, à ce qu'on nous dit, devait commencer cinq jours après notre départ. Ouahitoua, roi de Tierrebou, avait promis d'envoyer une flotte qui se joindrait à celle d'O-tou, afin de l'aider à réduire à l'obéissance le chef d'Eiméo. Il semble me souvenir qu'on nous apprit qu'un jeune prince était un des commandans. On imaginerait qu'une île aussi petite qu'Eiméo, ne pouvant braver les forces réunies de ces deux royaumes, dût essayer de terminer la querelle par une négociation ; mais on ne nous a rien dit de pareil. Au contraire, on ne parlait que de combattre. Taouha me protesta plus d'une fois qu'il y mourrait, ce qui prouve l'idée qu'il se formait de cette guerre. Oedidi m'assura que la bataille se donnerait en mer ; dans ce cas, l'ennemi avait donc une flotte à peu près égale à celle qui allait l'attaquer ; ce qui ne me paraît pas probable. Il paraissait d'autant plus probable que les insulaires d'Eiméo resteraient à terre sur la défensive, qu'ils avaient suivi ce plan cinq ou six ans auparavant quand ils furent assaillis par les habitans de Tierrebou, qu'ils repoussèrent. Cinq officiers généraux dirigeaient cette expédition, et O-tou était du nombre ; s'ils nous les ont nommés suivant le rang qu'ils occupaient, O-tou ne remplissait que la troisième place dans le commandement, ce qui est assez vraisemblable, puisque, étant jeune, il ne pouvait pas avoir assez d'expérience pour commander en chef dans une campagne qui exigeait beaucoup d'habileté et d'expérience.

» J'avoue que je serais volontiers resté cinq jours de plus à Taïti, si j'avais été sûr que l'expédition aurait lieu ; mais nous jugeâmes qu'ils désiraient nous voir partis, et qu'ils ne voulaient pas commencer leur campagne tant que nous serions parmi eux. On nous avait dit, pendant tout notre séjour qu'on ne se battrait que dans dix lunes; et ce ne fut que la veille de notre départ qu'O-tou et Taouha convinrent qu'ils livreraient bataille cinq jours après que nous aurions mis à la voile, comme si cet espace de temps eût été nécessaire pour achever leurs préparatifs. En effet, nous occupions une partie de leur temps et de leur attention. Je remarquais que depuis plusieurs jours O-tou et les autres chefs ne sollicitaient plus nos secours : ayant été beaucoup importuné à ce sujet, je leur avais promis que, si leur flotte partait au moment de notre appareillage, je marcherais avec eux contre Eiméo; mais depuis ils ne m'en parlèrent plus. En examinant cette affaire, ils avaient probablement conclu qu'ils seraient bien plus en sûreté sans moi; ils savaient que je donnerais la victoire à qui je voudrais, et supposaient que peut-être je ne ferais que dépouiller les vainqueurs et les vaincus. Quelles que fussent leurs raisons, ils souhaitaient d'être débarrassés de nous avant de rien entreprendre. Ainsi nous fûmes privés de voir toute la flotte équipée pour cette expédition; nous aurions peut-être été témoins d'un combat de mer; ce qui nous aurait instruits de leurs manœuvres.

» Je n'ai jamais pu découvrir combien de vaisseaux devaient composer cette expédition : je n'en ai vu que deux cent dix, outre les petites pirogues destinées à servir de bâtimens de transport, etc., et outre la flotte de Tierreboü, sur la force de laquelle on ne nous a rien dit. Je n'ai pu savoir non plus le nombre d'hommes nécessaires pour monter cette flotte : quand je le demandais, les insulaires répondaient : *ouarou, ouarou, ouarou té tata;* c'est-à-dire, *beaucoup, beaucoup, beaucoup d'hommes,* comme si cette quantité eût surpassé toutes les évaluations de leur arithmétique. En comptant quarante hommes pour chaque pirogue de guerre, et quatre pour chacune des autres, supposition qui paraît modérée, le nombre sera de neuf mille. On est étonné de la force de cette armée, levée seulement dans quatre cantons; et même celui de Matavaï ne fournissait pas le quart de la flotte. On vient de dire que ce calcul ne comprend point celle de Tierrebou; peut-être aussi que d'autres cantons armaient alors de leur côté de nouvelles pirogues. Je crois cependant que toute l'île ne faisait pas des préparatifs en cette occasion; car nous n'en avons remarqué aucun à O-parri. D'après ce que nous avons vu, et d'après ce que nous avons appris, je pense que le chef ou les chefs de chaque canton avaient la surintendance de l'équipement de la flotte de leurs districts; mais l'équipement formé, toutes les pirogues passaient en revue devant le roi, de qui elles relèvent en dernier lieu : de cette manière il connaît l'état de toutes ses forces avant qu'elles entrent en campagne.

» On a déjà observé que cent soixante pirogues de guerre appartenaient à Attahourou et Ahopata, quarante à Tettaha, et dix à Matavaï, qui n'y envoyait pas le quart de ses forces. En admettant que chaque canton de l'île (elle en renferme quarante-trois) arme le même nombre de pirogues que Tettaha, on trouvera que toute l'île peut équiper mille sept cent vingt pirogues de guerre, et soixante-huit mille hommes, à quarante hommes pour chaque bâtiment ; et comme les guerriers ne peuvent pas comprendre plus d'un tiers de la population des deux sexes, y compris les enfans, toute l'île contient au moins deux cent quarante mille habitans, nombre qui me parut incroyable au premier moment ; mais quand je réfléchis à ces essaims de Taïtiens qui frappaient nos regards partout où nous allions, je fus convaincu que cette évaluation n'est pas trop grande. Rien ne prouve mieux la fertilité et la richesse de ce pays, qui n'a pas quarante lieues de tour.

» L'île ne formait jadis qu'un royaume : j'ignore depuis quand elle est divisée en deux états. Les rois de Tierrebou sont une branche de la famille de ceux de O-pouéronou : les deux princes sont aujourd'hui proches parens, et je crois que le premier dépend en quelque sorte du second. O-tou est appelé *éri de hié*, ou de toute l'île ; et on nous a dit que Ouahitoua, roi de Tierrebou, se découvrait devant lui ainsi que le dernier de ses sujets. Cet hommage est dû à O-tou comme *éri de hié* de l'île, à Taré-Ouatou son frère, et à sa sœur cadette ; à l'un, comme héritier ; et à l'autre, comme héritière apparente : sa sœur aînée étant mariée, n'a pas droit à cette vénération.

» Les *éoouas* et les *ouhannos* paraissaient quelquefois couverts devant le roi ; mais nous n'avons jamais pu savoir si c'était par faveur ou en vertu de leur place : ces hommes, les principaux personnages qui entourent le roi et qui forment sa cour, sont ordinairement, et peut-être toujours ses parens. Ti, dont j'ai parlé si souvent, était de ce nombre. On nous a dit qu'un certain nombre d'*éoouas*, qui occupent le premier rang, servent chaque jour à leur tour ; ce qui nous les fit appeler les gentilshommes de service : je ne puis pas assurer que nous ne nous trompions point en ceci. Ti quittait rarement le roi : en effet, sa présence était nécessaire, parce qu'il était le plus en état de traiter les affaires qui se passaient entre nous et le prince ; on le chargeait toujours de cette commission, et j'ai lieu de croire qu'il l'exécutait à la satisfaction des deux parties.

» Il est fâcheux que nous connaissions si superficiellement ce gouvernement ; car nous ne savons point par quelle liaison et par quel rapport entre eux tant de classes, d'ordres, de fonctions et d'emplois différens forment un corps politique. Je suis sûr cependant que c'est une espèce de régime féodal ; et, s'il est permis d'en juger d'après ce que nous avons vu, il a de la stabilité, et sa forme n'a rien de vicieux.

» Les *éoouas* et les *ouhannos* mangent tou-jours avec le roi : excepté les *teouteous*, je ne sache pas qu'aucun insulaire soit excepté de ce privilége ; mais il n'est point ici question des femmes, qui ne mangent jamais avec les hom-mes, de quelque rang qu'elles soient.

» Malgré cette espèce de forme monarchique dans le gouvernement, la personne ou la cour d'O-tou n'avait rien qui pût, aux yeux d'un étranger, distinguer le roi de ses sujets : je ne l'ai jamais vu vêtu que d'une pièce commune d'étoffe, ceinte autour de ses reins, de sorte qu'il semblait fuir toute pompe inutile ; et il mettait plus de simplicité dans ses actions qu'aucun autre des éris. Je l'ai observé pa-gayant avec les autres rameurs, quand il ve-nait au vaisseau ou qu'il s'en retournait, et et même lorsque quelques-uns de ses teous-teous assis le regardaient et ne faisaient rien. Tous ses sujets l'abordent et lui parlent libre-ment, et sans la moindre cérémonie, partout où ils le rencontrent. J'ai remarqué que les chefs de ces îles sont plus aimés que craints du peuple. Ne peut-on pas en conclure qu'ils gou-vernent avec douceur et avec équité ?

» On a dit plus haut que Oualitoua, roi de Tierrebou, est parent d'O-tou, qui l'est aussi des chefs d'Eiméo, de Tapammannou, de Houaheiné, d'Ouliétéa, d'O-taha et de Bola-bola ; car ils sont tous alliés à la famille royale de Taïti. C'est un usage parmi les éris et les autres insulaires d'un rang distingué de ne jamais se marier avec les teouteous, ou dans les classes inférieures à la leur. Ce préjugé est probablement une des grandes causes qui produisent les sociétés appelées *arréoïs*. Il est sûr que ces sociétés empêchent beaucoup l'accroissement des classes supérieures, dont elles sont uniquement composées; car je n'ai jamais ouï dire qu'un teouteou fût arréoï, ni qu'il pût sortir de la classe dans laquelle il est né.

« J'ai déjà eu occasion de parler de la passion extraordinaire des Taïtiens pour les plumes rouges : ils les nomment *oura*; celles qu'ils appellent *ouraouinè*, et qui croissent sur la tête d'un perroquet vert, sont aussi précieuses à leurs yeux que les diamans le sont en Europe. Ils mettent un grand prix à toutes les plumes rouges, et notamment à celles-ci; ils savent très-bien distinguer les unes des autres. Plusieurs de nos matelots essayèrent de les tromper en teignant d'autres plumes; mais leur fourberie ne put réussir. Ils en forment des panaches de huit ou dix, et ils les attachent à l'extrémité d'une petite corde d'environ trois pouces de long, faites de grosses fibres extérieures du coco, et si bien tordue, qu'elle est ferme comme un fil d'archal, et sert de queue au panache. Ils les emploient comme des symboles des éatouas ou des divinités, dans toutes leurs cérémonies religieuses. Je les ai vus souvent tenir un de ces panaches, et quelquefois deux ou trois plumes seulement entre l'index et le pouce, et réciter une prière dont je ne comprenais pas un mot. Les navigateurs qui aborderont désormais à cette île doivent se pourvoir de plumes rouges : les plus fines et les plus petites seront les meilleures. Ils doivent aussi y apporter une provision considérable de grosses et de petites haches, de clous, de limes, de couteaux, de miroirs, de verroterie, etc. Les draps de lit et les chemises auront du débit, surtout parmi les femmes, comme l'expérience l'a appris à plusieurs de nos messieurs.

» Les deux chèvres que le capitaine Furneaux donna au roi O-tou, lors de notre dernière relâche, semblaient devoir perpétuer leur race. La chèvre avait déjà fait deux petits, devenus si gros, que bientôt ils allaient engendrer, et elle était pleine pour la seconde fois. Les Taïtiens paraissaient aimer passionnément ces animaux, qui, étant fort bien nourris, s'accoutumaient au climat. On peut espérer que, dans quelques années, ces quadrupèdes se propageront jusque dans les îles voisines, et qu'ainsi ils rempliront peu à peu toutes les terres du grand Océan. Les moutons que nous y avions laissés étaient morts, excepté un qui, à ce que nous comprîmes, vivait encore. Nous y avons déposé en outre vingt chats, indépendamment de ceux qui avaient été laissés à Ouliétéa et à Houaheiné.

» Un vent frais, dit Forster, nous éloignait de Taïti : nous ne cessions de contempler cette île charmante, lorsqu'un autre spectacle attira nos regards sur les ponts. C'était une des plus belles femmes de l'île, qui avait résolu de venir avec nous à Ouliétéa, sa patrie. Ses parens, qu'elle avait quittés quelques années auparavant pour s'enfuir avec son amant, vivaient encore, et sa tendresse filiale la portait à les revoir. Elle ne craignait point leur colère ; au contraire, elle s'attendait à en être bien reçue. En effet, ces insulaires pardonnent aisément les fautes de jeunesse. Comme O-tou avait défendu expressément à aucune de ses sujettes de nous suivre, elle s'était cachée à bord durant la dernière visite de ce prince ; mais se voyant alors en pleine mer, elle ne craignit point de se montrer. Le frère d'Oedidi, son domestique et deux autres naturels de Bolabola, nous accompagnèrent aussi. Ils se fiaient à des étrangers qui avaient ramené si fidèlement un de leurs compatriotes, et qui s'efforçaient de leur donner toutes sortes de marques d'amitié : leur compagnie anima notre conversation, et abréga en quelque sorte notre traversée de Taïti à Houaheiné. La Taïtienne portait l'habit complet d'un de nos officiers, et elle était si charmée de son nouveau vêtement, qu'elle descendit à terre ainsi vêtue, dès qu'on eut abordé. Elle dîna avec les officiers sans le moindre scrupule, et elle rit des préjugés de ses compatriotes avec toute la grâce des femmes du monde. Si son éducation avait été soignée, elle aurait brillé par son esprit, même en Europe, puisque son extrême vivacité, jointe à des manières très-polies, la rendait déjà supportable.

» Nous marchâmes toute la nuit, dit Cook, et le 15 mai au matin, nous découvrîmes Houaheiné. A une heure après-midi, on mouilla à l'entrée septentrionale du havre d'O-ouharré. Durant les manœuvres, plusieurs insulaires vinrent nous faire une visite; le vieux chef Ori, qui était à leur tête, m'offrit un cochon et d'autres présens avec les cérémonies accoutumées.

» Ce vieux chef, continue Forster, était plus indolent que lors de notre première relâche; sa tête nous parut affaiblie; il avait les yeux rouges et enflammés, et tout le corps écailleux et maigre. Il nous fut aisé d'expliquer ce changement, quand nous apprîmes qu'il aimait beaucoup la boisson enivrante qu'ils tirent du poivre, et qu'il en prenait de très-grandes doses. Oedidi eut l'honneur de passer plusieurs nuits à boire avec lui, et il s'éveillait communément le lendemain avec un violent mal de tête.

» Le 17 au soir, dit Cook, quelques-uns de nos messieurs assistèrent à un spectacle dramatique. La pièce représentait une fille qui s'enfuyait avec nous de Taïti. Le fait était vrai, et la jeune femme dont il a été question plus haut vit elle-même jouer ses propres aventures; ce qui lui causa tant de chagrin, que nos messieurs eurent toutes les peines du monde à l'engager de rester jusqu'à la fin : elle versa beaucoup de larmes. La réception que lui firent ses amis à son retour formait le dénoûment, qui n'était guère favorable à la pauvre Taïtienne. Ces peuples, dans l'occasion, composent sur-le-champ de petites pièces qu'ils ajoutent aux grandes. N'est-il pas raisonnable de supposer qu'ils punissaient cette fille par une satire, afin de décourager celles qui voudraient imiter son exemple ?

» Il faut observer que les plumes rouges n'ayant point ici de valeur intrinsèque, c'est une nouvelle preuve de l'opulence et du luxe des Taïtiens, qui les achètent avec tant d'empressement. Cette différence provient de l'extrême fertilité de Taïti, comparée à celle d'Houaheiné, où la plaine qui sert de ceinture aux collines est si étroite et si peu considérable, que les naturels sont obligés de cultiver les hauteurs.

» Comblés des bons traitemens de ce peuple, nous nous en séparâmes le 23 mai 1774. Le bon vieux chef fut le dernier insulaire qui quitta le vaisseau. En partant, je lui dis que nous ne le reverrions plus ; il se mit à pleurer, et répondit : *Laissez venir ici vos enfans, et nous les traiterons bien.*

» Dès que nous eûmes débouqué du havre, je fis voile, et je portai le cap sur l'extrémité méridionale d'Ouliétéa. Le 25 nous arrivâmes devant le canal, où le vaisseau pénétra à toutes voiles le plus qu'il fut possible. Le chef Oréo, mon vieil ami, et plusieurs autres, vinrent nous voir : ils ne manquèrent pas de nous apporter des présens. Le lendemain j'allai à terre avec les officiers lui rendre sa visite et lui offrir les présens accoutumés. En entrant dans sa maison, nous fûmes reçus par quatre ou cinq vieilles femmes qui pleuraient et se lamentaient, et qui en même temps se découpaient la tête avec des instrumens de dents de requin; le sang inondait leurs visages et leurs épaules : ce qu'il y eut de plus fâcheux, il fallut essuyer les embrassemens de ces vieilles furies; ce qui nous couvrit de sang. Cette cérémonie finie(car c'en était une), elles sortirent, se lavèrent, et revinrent bientôt aussi joyeuses que le reste de leurs compatriotes. Oréo parut enchanté de notre retour. La présence d'Oedidi, celle d'un ambassadeur du pays que nous venions de quitter, et que nous amenions, affermit sans doute la bonne opinion qu'il avait de nous, et inspira la confiance à tout son peuple. Après être restés là peu de temps, le chef et ses amis mirent un cochon et des fruits dans ma chaloupe, et ils vinrent dîner à bord avec nous.

» L'après-midi, ajoute Forster, nous nous promenâmes, autant que le permit la pluie, le long de la crique où était le vaisseau. La côte était bordée d'une quantité innombrable de pirogues, et chaque maison ou cabane fourmillait d'habitans qui se préparaient à faire de bons dîners sur des tas de provisions accumulées partout. On nous dit que la société des arréois était alors réunie. Durant notre relâche à Houaheiné nous avions vu soixante-dix piro-

gues montées par plus de sept cents arréoïs
qui partirent un matin pour Ouliétéa : nous
apprîmes ici qu'ils passèrent quelques jours au
côté oriental de cette île, et qu'ils étaient arrivés sur la côte ouest, seulement un jour ou
deux avant nous; nous remarquâmes que c'é-
taient tous des personnages de quelque importance et de la race des chefs. Le tatouage des
uns offrait de grandes et larges figures; Oedidi
nous assura que c'étaient les premiers de l'ordre, et que plus ils étaient couverts de piqûres,
et plus leur rang était élevé. En général ils
étaient tous robustes et bien faits, et tous guerriers de profession. Oedidi avait beaucoup de
respect pour cette société; il nous déclara qu'il
en était. Ceux qui la composent sont unis par
les liens d'une amitié réciproque, et ils exer-
cent entre eux l'hospitalité dans toute son étendue : dès qu'un arréoï en va voir un autre,
quoiqu'il ne le connaisse pas, il est sûr qu'on
pourvoira à ses besoins, et qu'on lui donnera
ce qu'il lui plaira de demander. On le présente
aux membres de l'ordre, qui se disputent à qui
le comblera le plus de caresses et de présens;
c'est pour cela qu'Oedidi jouit de tant de plaisir à Taïti. Les premiers insulaires qui le virent
à bord étaient arréoïs, et à l'instant ils lui offrirent leurs habits, parce qu'il n'avait que des
vêtemens européens. Il paraît qu'une ou plusieurs personnes de chaque petite famille de
chef entrent dans cette communauté, dont la
loi invariable et fondamentale est qu'aucun des

membres ne peut avoir d'enfans. D'après le témoignage des naturels les plus éclairés, nous avons lieu de croire que, dans son institution primitive, on exigeait un célibat perpétuel; mais comme cette loi blesse trop les mouvemens de la nature, qui sont d'une vivacité extraordinaire dans ce climat, ils y manquèrent bientôt : ils conservent cependant l'esprit de cette abstinence en suffoquant tous les enfans qui naissent parmi eux.

» Les arréoïs jouissent de différens priviléges, et on a pour eux une grande vénération aux îles de la Société et à Taïti; ils sont trèsfiers de ne point avoir d'enfans. Quand on dit à Topia que le roi d'Angleterre avait une nombreuse famille, il avoua qu'il se croyait plus grand que ce prince, parce qu'il était arréoï. Chez la plupart des autres peuples le nom de père est honorable, et il imprime le respect ; mais un arréoï taïtien le prend pour un terme de mépris et de reproche.

» Dans les grandes assemblées que tiennent les arréoïs, et dans les voyages qu'ils font, ils se nourrissent des végétaux les plus exquis; ils mangent beaucoup de porc, de viande de chien, de poissons et de volailles, que les teouteous, ou la classe inférieure du peuple, leur fournissent libéralement. On leur prépare aussi la boisson de racine de poivre, dont ils font une consommation étonnante. Les plaisirs sensuels les accompagnent partout où ils vont; ils ont une musique et des danses qu'on dit être très-lasci ves, surtout la nuit, quand ils ne sont vus de personne.

» L'île étant sortie depuis long-temps de sa barbarie première, une société si injurieuse au reste de la nation ne s'y serait point perpétuée jusqu'à présent, si elle n'offrait pas des avantages considérables. Deux raisons semblent favoriser l'existence des arréoïs, et ces deux raisons tiennent l'une à l'autre : la première, la nécessité d'entretenir un corps de guerriers pour défendre le pays contre l'invasion et les déprédations de l'ennemi : tous les arréoïs sont en effet soldats, mais, comme l'amour pouvait les énerver, on les assujettit peut-être d'abord à un célibat qu'ensuite ils ont trouvé trop difficile ; enfin, par cet établissement, on a lieu de croire qu'ils veulent empêcher la multiplication de la race des chefs. Un Taïtien intelligent, législateur de son pays, a pu prévoir que le peuple gémirait à la longue sous le joug de ces petits tyrans, si on les laissait pulluler en liberté. Le moyen le plus court d'aller au-devant de ce mal était d'obliger une partie des chefs à garder le célibat ; mais, afin de vaincre leur répugnance et de les assujettir à un si grand sacrifice, il fallait leur offrir quelque compensation : c'est peut-être de là que vient la haute estime de toute la nation pour l'ordre de l'arréoï : peut-être expliquera-t-on aussi par-là l'autorité et la gourmandise de ses membres ; car les guerriers jouissent de pareils avantages chez toutes les nations, avant qu'ils

deviennent de vils mercenaires de la tyrannie.
Dès que les arréoïs, enfreignant leurs premières lois, admirent les femmes parmi eux, il est
aisé de concevoir qu'ils perdirent peu à peu
l'esprit de chasteté qui animait leur corps. Sûrement ce sont aujourd'hui les insulaires les
plus sensuels, quoique je n'aie pas eu occasion
de remarquer ce raffinement de débauche qu'on
leur a reproché. On a dit que chaque femme est
commune à tous les hommes; mais, en faisant
des questions sur cette matière, il nous a paru
que cette accusation a peu de fondement (1).

» Quelques arréoïs sont mariés à une femme,
de la manière qu'Oedidi avait épousé la fille de
Toparri; mais d'autres ont une maîtresse pas-
sagère : la plupart fréquentent sans doute les
prostituées, si communes sur toutes les îles. La
dissolution est beaucoup plus universelle dans
chaque pays policé de l'Europe; et je ne crois
pas qu'on puisse en conclure qu'il y existe une
société d'hommes et de femmes aussi débau-
chés qu'on suppose les arréoïs.

» Quand on considère le caractère doux, généreux et affectueux des Taïtiens, on ne con-
çoit pas comment ils peuvent massacrer leurs
enfans; on est révolté de la barbarie farouche
du père, et surtout de la dureté impitoyable de

(1) On ne peut s'empêcher de remarquer ici que Forster
accuse un peu légèrement d'inexactitude la relation du premier voyage; car, puisqu'il convient que les arréoïs mêlent
de la débauche à leurs assemblées, qu'ils font mourir les enfans qui naissent parmi eux, serait-il donc étonnant que
chacune de leurs femmes fût commune à tous les hommes?

la mère, qui étouffe la voix et l'instinct de la nature; mais la coutume, on le sait, éteint tous les sentimens et tous les remords. Dès qu'on m'eut assuré que les arréoïs pratiquent cet usage cruel, je reprochai à notre ami Oedidi de se vanter d'être d'un si détestable corps; j'employai tous les argumens possibles; je le convainquis enfin: il me promit de ne pas tuer ses enfans, et de quitter la société dès qu'il obtiendrait le titre glorieux de père. Il nous protesta que les arréoïs ont très-rarement des enfans. Comme ils choisissent vraisemblablement leurs femmes et leurs maîtresses parmi les prostituées, et comme d'ailleurs ils portent la volupté à un point extrême, ils n'ont pas beaucoup à craindre d'engendrer. Les réponses d'O-maï, que j'ai consulté sur ce sujet après mon retour en Angleterre, m'ont fait encore plus de plaisir, car elles diminuent la noirceur de ce crime, et lavent le gros de la nation du reproche qu'on pourrait lui faire d'y prendre part; il m'a confirmé que les lois immuables des arréoïs ordonnent de mettre à mort les enfans; que la prééminence et les avantages d'un arréoï sont si précieux, qu'il leur sacrifie la pitié; que la mère ne consent jamais à cet horrible assassinat, mais que son mari et les autres membres la persuadent de se dessaisir de l'enfant, et que, lorsque les prières ne suffisent pas, on emploie la force; il ajoutait en outre que ce meurtre se commet toujours en secret, de manière que personne du peuple, ni même des teouteous et des domestiques de la maison ne le voit; enfin, que si quelqu'un en était témoin, les meurtriers seraient tués (1).

» Les arréoïs s'établirent dans notre voisinage; ils passèrent plusieurs jours dans les fêtes et dans la joie, et nous invitèrent souvent à être de leurs festins.

» Le 26, après avoir erré dans leur pays jusqu'au coucher du soleil, nous retournâmes au vaisseau au moment où Oedidi, la femme et les autres passagers indiens venaient de le quitter. Nous reçûmes la visite d'un grand nombre d'insulaires, et entre autres, de plusieurs femmes, qui restèrent parmi les matelots. Les habitantes d'Houaheiné avaient été peu complaisantes pour eux; ils furent obligés de se contenter de quelques étrangères qui étaient en passant sur cette île.

» Le 27, dès le grand matin, Oréo, sa femme, son fils, sa fille et plusieurs de ses amis, nous firent une visite, et nous apportèrent une assez grande quantité de toutes sortes de rafraichissemens: c'étaient pour ainsi dire les premiers que nous eussions obtenus. Ils restèrent à dîner.

» Boba, vice-roi de l'île d'O-taha, et Teïna

(1) Je dois remarquer qu'il existe presque autant de dépravation dans nos contrées policées. Des misérables affichent publiquement à Londres leurs talens, et offrent leurs services pour procurer l'avortement. (*Voyez*, à ce sujet, un Avertissement dans un papier public, *Morning-Post*, n°. 1322, du mercredi 15 janvier 1777.) On leur permet de trafiquer impunément de la destruction des enfans qui sont dans le ventre de leur mère. (*Note de Forster.*)

la belle danseuse, étaient aussi avec Oréo.
Boba était un jeune homme grand et bien fait,
natif de Bolabola, et parent d'O-pouny. Oedidi nous a dit souvent qu'il est héritier pré-
somptif d'O-pouny, dont il doit épouser la
fille unique, âgée de douze ans, et qui passe
pour être fort belle. Boba était arréoï; il en-
tretenait comme maîtresse la charmante Teïna, qui était alors enceinte. Nous nous entre-
tînmes avec elle sur l'usage de tuer les enfans
des arréoïs : notre petit dialogue se fit dans les
termes les plus simples, parce que nous ne connaissions pas assez leur langue pour exprimer
les idées abstraites. Toute notre rhétorique
fut ainsi bientôt épuisée, et elle produisit peu
d'effet; seulement Téïna-Maï nous dit que
*notre eatoua (notre dieu), en Angleterre,
serait peut-être fâché de la conduite des arréoïs ; mais que le leur n'en était pas mécontent.* Elle ajouta que, *si nous voulions venir de
notre patrie chercher son enfant, elle le con-
serverait peut-être en vie, pourvu toutefois
que nous lui apportassions une hache, une
chemise et des plumes rouges.* Elle rit tellement
en nous faisant cette réponse, que nous ne
crûmes pas qu'elle parlât sérieusement. Nous
aurions essayé en vain de continuer la conversation, car toutes sortes d'objets différens dé-
tournaient son attention : elle avait déjà eu
beaucoup de peine à nous écouter si long-
temps.

» L'après-midi, nous les accompagnâmes à

terre, où on joua pour nous une pièce appelée *Mididiï Haramaï*, ce qui signifie *l'Enfant vient*. Le dénoûment fut l'accouchement d'une femme en travail : ils firent paraître tout à coup sur la scène un gros enfant, haut d'environ six pieds, qui courut autour du théâtre, traînant après lui un grand torchon de paille, suspendu par une corde à son nombril.

» L'homme qui joua le rôle de la femme fit tous les gestes que les Grecs allaient admirer dans les bosquets de Vénus-Ariadne, près d'Amathonte, où on observait la même cérémonie, le second jour du mois *Gorpioeus*, en mémoire d'Ariadne qui mourut en couches (1). Ainsi l'imagination folle des hommes a inventé dans tous les pays les coutumes les plus extravagantes. Il est impossible d'exprimer les éclats de rire des naturels lorsqu'ils virent le nouveau-né courir sur la scène, et poursuivi par les danseuses, qui essayaient de l'attraper. Les femmes contemplèrent sans rougir toute la pièce, qui n'était point du tout indécente pour elles, et elles ne furent pas obligées, comme nos dames d'Europe, de regarder à travers leurs éventails. Au commencement, à la fin et dans les entr'actes, il y eut des danses et des pantomimes. Poyadoua, fille d'Oréo, déploya son agilité ordinaire, et nous l'applaudîmes de bon cœur ; des hommes jouèrent aussi des farces, dans les chansons desquelles nous recon-

(1) Voyez *Plutarque*, vie de Thésée.

nûmes le nom du capitaine Cook et de plusieurs personnes de l'équipage : il nous parut
qu'il était question d'un vol commis par un de
leurs compatriotes. Une autre farce représenta
l'invasion des insulaires de Bolabola ; ils se bat-
tirent les uns les autres à coups de courroie ou
de fouet, ce qui produisait un bruit reten-
tissant.

» Cook eut occasion de voir une seconde fois
la pièce de *l'Enfant vient*, et il remarqua
qu'au moment où ils reçurent l'homme qui
représentait l'enfant, ils comprimèrent et apla-
tirent son nez. On peut en conclure qu'ils
compriment ainsi celui des enfans à l'instant
où ils naissent, et voilà peut-être pourquoi ils
ont en général le nez plat.

» Le 28, Oréo, qui dîna à bord, but une bouteille de vin sans paraître ivre : il fut très-facétieux, comme à l'ordinaire. Il parla surtout
des pays que nous avions visités dernièrement,
et dont Oedidi, son compatriote, lui avait fait
la description. Après qu'on lui eut résolu différentes questions qu'il proposa, il dit que,
quoique nous eussions vu bien des pays, il
nous citerait une île que nous ne connaissions
pas encore. « Elle ne gît, ajouta-t-il, qu'à quel-
» ques jours de chemin ; elle est habitée par
» des géans monstrueux, aussi hauts que le
» grand mât, et aussi gros à la ceinture que
» la tête du cabestan. Ces peuples sont bons ;
» mais quand ils se fâchent contre quelqu'un,
» ils le prennent et le jettent dans la mer

» comme si c'était une petite pierre. Si vous
» arrivez près de leurs côtes avec votre vais-
» seau, ils se rendront peut-être à gué à côté
» du bâtiment, et ils l'emporteront sur leur
» dos, à terre. » Il mit dans son discours plusieurs autres circonstances badines; et, pour
donner plus de poids à ce qu'il avançait, il finit en nous disant que l'île s'appelait *Mirro-
Mirro*. Nous jugeâmes que toute son histoire
était une ironie contre cette partie de notre
relation qu'il ne croyait point, et dont il ne
pouvait point se former une idée. Nous admi-
râmes l'imagination et la gaîté d'esprit qui
brillaient dans ce conte, et nous crûmes, avec
Bougainville, que l'extrême fertilité du pays,
qui procure aux insulaires du contentement et
du plaisir, leur donne en même temps ce ta-
lent et ce caractère jovial et spirituel.

» Notre ami Oedidi était peut-être le seul
des nobles qui ne partageait point la joie et les
divertissemens de ses compatriotes. Il ne recevait pas les marques distinguées de faveur
qu'on lui avait prodiguées à Taïti; car il paraît que, même dans les îles du grand Océan,
un homme n'est jamais moins estimé que dans
son pays. Tous ses parens, qui étaient fort
nombreux, attendaient de lui des présens,
comme une obligation de sa part. A Taïti, au
contraire, sa libéralité lui faisait des amis, et
lui procurait beaucoup d'avantages. Tant qu'il
resta à ce généreux Indien quelques-unes des
richesses qu'il avait rassemblées au péril de sa

vie pendant notre dangereuse et triste campagne, on ne cessa point de lui en demander ; et, quoiqu'il donnât de bon cœur tout ce qu'il avait, ses connaissances l'accusaient d'avarice. Il fut bientôt réduit à venir à bord nous supplier de lui accorder de nouveaux trésors ; car il n'avait plus que quelques plumes rouges et d'autres curiosités, qu'il destinait à O-pouny, son parent, roi de Bolabola.

» Le 30 mai je partis avec les deux canots, accompagné des deux MM. Forster, d'Oedidi, du chef, sa femme, son fils et sa fille, pour une habitation située à l'extrémité septentrionale de l'île, et qu'Oedidi disait être à lui. Il nous avait tant parlé de ses possessions, que quelques-uns des officiers paraissaient en douter, et il fut bien aise de prendre une occasion de se justifier. Il avait promis de nous donner des cochons et des fruits en abondance ; mais, en arrivant dans cet endroit, nous trouvâmes que le pauvre Oedidi n'y jouissait d'aucune autorité, quelque droit qu'il pût avoir au ouenoua, que possédait alors son frère. Celui-ci, bientôt après notre débarquement, me présenta deux cochons et quelques bananes avec les cérémonies ordinaires : je lui fis en retour un très-beau présent, et Oedidi lui donna aussi quelque chose. Un des deux cochons fut mangé à dîner. Pendant qu'on le préparait, je parcourus l'ouenoua d'Oedidi : c'était un terrain de peu d'étendue, mais agréable. Les maisons y étaient disposées de manière à former un très-joli village, ce qui n'est pas commun dans cet archipel.

» En retournant au vaisseau, nous débarquâmes au coin d'une maison où nous aperçûmes quatre figures de bois de deux pieds de long, rangées sur une tablette : elles avaient une pièce d'étoffe autour des reins, et sur leurs têtes une espèce de turban garni de longues plumes de coq. Un naturel qui occupait la cabane nous dit que c'étaient *eatoua note teouteou, les dieux des serviteurs ou des esclaves.* Cette assertion ne suffit peut-être pas pour conclure qu'ils les adorent, et qu'on ne permet point aux serviteurs et aux esclaves d'avoir les mêmes dieux que les hommes d'un rang plus élevé. Je n'ai jamais ouï dire que Topia eût fait une pareille distinction, ni même que ses compatriotes rendissent un culte à quelque chose de visible. D'ailleurs ce sont les premières divinités de bois que nous ayons rencontrées sur ces îles ; nous jugeâmes que c'étaient des dieux, uniquement sur la parole d'un insulaire, peut-être superstitieux, et que peut-être nous n'avons pas compris. Il faut convenir que les habitans de cette île sont en général plus superstitieux qu'à Taïti. Dans la première visite que je fis au chef, il me pria de ne permettre à personne de mon équipage de tuer des hérons ni des piverts, oiseaux aussi sacrés chez eux que les rouges-gorges, les hirondelles, etc., le sont parmi les vieilles femmes en Angleterre. Topia, qui était prêtre, et qui connaissait bien la religion, les coutumes et les traditions de ces îles, ne montra pourtant aucun respect pour ces oiseaux. Je fais cette remarque, parce que plusieurs de nos officiers pensaient que ces oiseaux étaient des eatouas ou dieux. A la vérité nous adoptâmes cette opinion en 1769, et nous en aurions adopté d'autres plus absurdes, si Topia ne nous avait pas détrompés. Nous n'avons pas retrouvé un homme aussi sensé et aussi instruit que lui, et par conséquent nous n'avons pu ajouter que des idées superstitieuses à ce qu'il nous a dit de la religion de ces contrées.

» Les insulaires, sachant que nous mettrions bientôt à la voile, nous apportèrent le 31 plus de fruits qu'à l'ordinaire. Parmi ceux qui vinrent à bord se trouvait un jeune homme de six pieds quatre pouces et six dixièmes; sa sœur, plus jeune que lui, avait cinq pieds dix pouces et demi.

» Parmi les naturels des îles de la Société, observe Forster, il existe un petit nombre d'hommes instruits des traditions nationales et des idées de mythologie et d'astronomie répandues dans ces pays. Oedidi, tandis que nous étions en mer, nous avait souvent parlé d'eux comme des plus savans de ses compatriotes; il les nommait *tata-o-rerro*, terme qu'on peut rendre par celui de *maître*. Après beaucoup de recherches, nous trouvâmes dans le district d'Hamaménou un chef nommé Toutavaï, qui portait ce titre : nous regrettâmes de ne l'avoir pas connu plus tôt : mais mon père résolut d'employer le temps qui lui restait à faire des recherches sur un sujet aussi intéressant que l'histoire des opinions religieuses.

» Toutavaï fut charmé de trouver une occasion de déployer ses connaissances : il était flatté de notre attention à l'écouter, et il parla sur le même objet avec plus de patience et plus long-temps que nous ne l'attendions d'un habitant de ces îles dominé par la vivacité et la légèreté de son caractère. La religion de ces insulaires paraît former un système de polythéisme singulier. Quelques peuples, absorbés par le soin de pourvoir à leur subsistance, ne s'élèvent pas jusqu'à la Divinité; mais ils sont en bien petit nombre : ceux de Taïti et des îles de la Société croient à l'existence d'un Être Suprême, créateur de toutes choses. La plupart des nations ont fait des recherches plus ou moins profondes sur les qualités de cet esprit universel et incompréhensible, et elles ont adopté des absurdités en s'égarant dans des réflexions au-dessus de la portée de l'intelligence humaine. Les petits esprits, que surchargeait la vaste conception d'une perfection suprême, personnifièrent bientôt les différens attributs de la Divinité. Les dieux et les déesses devinrent innombrables, et une erreur en enfanta mille autres. L'homme, dans le cours de l'éducation, apprit de son père l'existence d'un Dieu, et l'instinct nourrit en lui cette idée. La population s'accrut, les distinctions de rang s'établirent, et on vit naître de nouvelles passions. Dans chaque société, des individus, profitant du penchant du peuple à adorer, s'efforcèrent de captiver le jugement de la multitude; et, défigurant les qualités du Tout-Puissant, ils éteignirent l'affection du genre humain pour son bienfaiteur, et lui apprirent à craindre sa colère. Il paraît que c'est ce qui est arrivé aux îles de la Société comme ailleurs: les habitans révèrent des divinités de toute espèce; et ce qu'il y a de plus singulier, chaque île a une théogonie séparée. Le lecteur doit comparer ce que nous allons dire avec les observations sur cette matière insérées dans le premier Voyage du capitaine Cook.

» Toutavaï commença par nous apprendre que sur chaque île de ce groupe on donne un nom différent au Dieu suprême, créateur de la terre et du ciel; et, voulant s'exprimer plus clairement, il ajouta que sur chaque île on croit à des divinités différentes, parmi lesquelles il en est une, reconnue de toutes, qui tient le premier rang. O-Marrào a créé la mer; O-Maoui, dieu puissant, qui produit les tremblemens de terre, a créé le soleil. La divinité qui réside dans cet astre, et qui le gouverne, se nomme Toutoumo-Hororriri : ils lui donnent une très-belle forme et des cheveux qui lui descendent jusqu'aux pieds. Ils assurent que les morts vont partager son habitation, et que là ils mangent continuellement du fruit à pain et du porc qui n'ont pas besoin d'être préparés au feu. Ils croient que chaque homme a au dedans de lui un être séparé appelé Ti, qui agit d'après l'impression des sens, et qui de ses conceptions forme des pensées (1). Cet être, qui ressemble à l'âme, existe après la mort, et habite les images de bois placées autour des cimetières, auxquelles ils donnent le nom de *Ti*. Ainsi la croyance d'une vie à venir, et l'union de l'esprit et de la matière, sont répandues jusque sur les îles les plus éloignées. Nous n'avons pas pu découvrir s'ils admettent des récompenses ou des châtimens dans l'autre monde ; mais il est probable que ces idées ne sont point étrangères à une nation dont la civilisation est aussi avancée que celle de Taïti.

» La lune, suivant eux, a été créée par une divinité femelle nommée O-Hienna, qui gouverne aussi cette planète, et qui réside dans les taches ou les brouillards noirs. Les femmes chantent un couplet qui semble être un acte d'adoration à cette divinité : cet usage provient peut-être de ce qu'elles pensent qu'elle a de l'influence sur les infirmités périodiques de leur sexe.

> *Te-ouva no te malama,*
> *Te-ouva te hinnaro.*
>
> Le brouillard en dedans de la lune,
> Ce brouillard j'aime.

» On a lieu de supposer que, pour les Taïtiens, la déesse de la lune n'est pas la chaste

(1) Les naturels donnent aux pensées le nom de *paroù no te obou*, ce qui signifie littéralement, *paroles dans le ventre*.

Diane des anciens, mais plutôt l'Astarté des Phéniciens. Les étoiles ont été créées par une déesse appelée Tettou-Matarou, et les vents sont gouvernés par le dieu Orri-Orri.

» Outre ces grandes divinités, ils ont un nombre considérable de dieux inférieurs, dont quelques-uns passent pour être méchans, et pour tuer les hommes pendant leur sommeil. Le tahova-rohaï, ou le grand-prêtre de l'île, les adore publiquement dans les principaux moraïs. On adresse aux dieux bienfaisans des prières qu'on ne prononce pas à haute voix : nous ne remarquions ces prières qu'au mouvement des lèvres des insulaires. Le prêtre lève les yeux au ciel, et l'éatoua ou dieu est supposé descendre et converser avec lui sans être aperçu du peuple, et sans être entendu de qui que ce soit, excepté du prêtre, qui, comme on voit, a soin de voiler la religion de mystères.

» On offre aux dieux des cochons, des volailles rôties, et toute sorte de comestibles, mais on ne rend d'autre culte aux divinités inférieures, et surtout aux esprits malfaisans, qu'une espèce de sifflement. On croit que quelques-uns habitent une certaine île déserte nommée *Mannoa*, où on les voit sous la figure d'hommes grands et forts qui ont des yeux farouches, et qui dévorent ceux qui approchent de leur côte. Ceci fait peut-être allusion à l'anthropophagie, qui semble avoir existé jadis sur ces îles, comme je l'ai observé ailleurs.

» Certaines plantes sont consacrées particulièrement aux divinités. On trouve souvent près des moraïs, ou des temples, le casuarina, le palmier et le bananier, ainsi qu'une espèce de *cratæva*, sorte de poivre, l'*hibiscus populneus*, la *dracæna terminalis*, et le *calophyllum*, qui tous passent pour des signes de paix et d'amitié. Des oiseaux, tels que le héron, le martin-pêcheur et le coucou, sont aussi consacrés à la Divinité; mais j'ai déjà observé que tous les insulaires n'ont pas une égale vénération pour eux; différentes îles donnent la préférence à différens oiseaux.

» Les prêtres conservent leurs places pendant leur vie, et leur dignité est héréditaire. Le grand-pontife de chaque île est toujours un éri qui jouit du premier rang après le roi. On les consulte dans la plupart des occasions importantes : on leur donne ce que le pays produit de meilleur; car ils ont trouvé le moyen de se rendre nécessaires; un ou deux docteurs, ou tata-o-rerro, comme Toutavaï, qui savent la théogonie et la cosmogonie, et qui, à de certains temps, instruisent le peuple, habitent dans chaque canton. Les Indiens conservent ainsi leurs connaissances en géographie et en astronomie, et sur la division du temps (1).

» Le nom de *tahova*, que les Taïtiens donnent aux prêtres, ne leur est pas particulier; ils le donnent aussi aux personnes qui connaissent la propriété du petit nombre de plantes

(1) *Voyez* à la suite de ce Voyage les *Observations* de Forster père.

qu'ils emploient comme les remèdes de différentes maladies. La quantité de leurs remèdes n'est pas considérable, et leur médecine est très-simple; mais ils n'ont pas beaucoup de maladies, et elles ne sont point compliquées.

» Le 4 juin, dès le grand matin, j'ordonnai, dit Cook, de tout apprêter pour mettre à la voile. Le chef, Oréo, et toute sa famille, vinrent à bord nous dire adieu pour la dernière fois; ils étaient accompagnés d'Ouourou, l'éri de Hi; de Boba, l'éri Otaha, et de plusieurs de leurs amis. Ils nous apportèrent tous des présens; mais Ouourou en fit un beaucoup plus considérable que les autres, parce que c'était sa première et sa dernière visite. Ils me supplièrent de revenir les voir. Le chef, sa femme et sa fille, et surtout les deux femmes, pleurèrent presque sans interruption. Quand il fallut lever l'ancre, ils prirent congé de nous de la manière la plus affectueuse et la plus tendre. La dernière prière d'Oréo fut encore pour m'engager à revenir : quand il vit que je ne voulais pas le lui promettre, il demanda le nom de mon *moraï*, ou du lieu où l'on m'enterrait. Quelque étrange que fut cette question, je lui répondis aussitôt : *Stepney*, nom de la paroisse que j'habite à Londres. Il me supplia de le répéter plusieurs fois, jusqu'à ce qu'il le pût prononcer : alors cent bouches à la fois s'écrièrent *Stepney moraï no Touté, Stepney le tombeau de Cook.* Forster m'apprit ensuite qu'un homme, à terre, avait demandé la même chose ; mais il fit une réponse différente et plus convenable, en disant qu'un marin ne savait pas où il serait enterré. Toutes les grandes familles de ces îles ont coutume d'avoir des cimetières particuliers qui passent, avec leurs biens, à leurs héritiers. Le *moraï* d'O-parri, à Taïti, pendant le règne de Toutaha, était appelé *moraï no Toutaha*; mais on le nomme aujourd'hui *moraï no O-tou*, comme on l'a déjà remarqué. Quelle plus grande preuve d'amitié ces insulaires pouvaient-ils nous donner que de vouloir se souvenir de nous lors même que nous ne serions plus ? Nous leur avions répété souvent que nous les voyions pour la dernière fois : ils voulurent savoir dans quel endroit nos cendres iraient se joindre à celles de nos ancêtres.

» Comme je ne pouvais ni promettre ni espérer qu'on enverrait de nouveaux vaisseaux visiter ces îles, Oedidi, notre fidèle compagnon, se décida à rester dans sa patrie; mais il nous quitta avec des regrets qui montraient bien son estime pour nous : rien ne put l'y déterminer que la crainte de ne jamais revoir son pays. Quand le chef me pressait avec tant d'instance de revenir, je lui fis quelquefois des réponses qui lui laissaient un peu d'espérance. Oedidi, à l'instant, me tirait de côté, et se faisait répéter ce que je venais de dire. Lorsqu'il fallut nous séparer, il courut de chambre en chambre pour embrasser tout le monde.

» Je ne puis pas décrire les angoisses qui

remplirent l'âme de ce jeune homme quand il s'en alla : il regarda le vaisseau, il fondit en larmes, et se coucha de désespoir au fond de la pirogue : en sortant des récifs, nous le vîmes encore qui étendait ses bras vers nous.

» Au moment où il sortit du vaisseau, il me demanda *tatouparou*, quelque chose qu'il pût montrer aux commandans des autres bâtimens qui dans la suite relâcheraient sur son île ; j'y consentis, je lui donnai un certificat du temps qu'il avait été avec nous, et je le recommandai à ceux qui toucheront ici par la suite.

» En abordant sur ces îles la première fois, j'avais envie de visiter la fameuse Bolabola de Topia ; mais comme j'avais pris à bord assez de rafraîchissemens de toute espèce, et que la route que je projetais exigeait tout mon temps, je renonçai à ce dessein et je cinglai à l'ouest, faisant nos adieux à ces îles fortunées où la nature a d'une main prodigue répandu ses faveurs.

» Avant de terminer la description de ces îles, il est nécessaire de dire tout ce que je sais sur le gouvernement d'Ouliétéa et d'O-taha. Oréo, dont on a parlé si souvent, est natif de Bolabola ; mais il possède des ouenouas ou des terres à Ouliétéa, qu'il a acquises, je pense, par la conquête, ainsi que plusieurs de ses compatriotes. Il réside sur cette dernière île comme lieutenant d'Opouny, qui semble jouir de l'autorité royale et de la suprême magistrature. Ouourou, qui est éri par droit héréditaire , ne semble plus posséder que le titre , et son propre ouenoua ou district, dans lequel , je crois , il est souverain. J'ai toujours vu Oréo lui montrer le respect dû à son rang : il était charmé quand il s'apercevait que je le distinguais des autres.

» O-taha , autant que j'ai pu le découvrir, est gouvernée de la même manière : Boba et Ota sont les deux chefs. Je n'ai point vu le dernier. Boba est jeune, robuste et bien fait; l'on m'a dit qu'après la mort d'Opouny, monarque actuel, il doit épouser sa fille , et que ce mariage lui donnera l'autorité royale : de façon qu'il semble qu'une femme qui peut être revêtue de la dignité royale ne peut cependant pas exercer le pouvoir souverain. Je crois que la conquête de ces îles n'a procuré à Opouny d'autres avantages qu'un moyen de récompenser ses nobles, qui en effet se sont emparés de la meilleure partie des terres. Il ne paraît pas qu'il ait exigé aucune des marchandises, outils, etc., que nous avons laissés en si grand nombre. Oedidi m'a fait plusieurs fois l'énumération de toutes les haches et des clous que possède Opouny; à peine en a-t-il autant qu'il en avait lorsque je le vis en 1769. Quelque vieux que soit ce fameux insulaire , il ne passe point ses derniers jours dans l'indolence. Quand nous arrivâmes ici pour la première fois, il était à Maouroua; bientôt après il retourna à Bolabola, et l'on nous dit cette dernière fois qu'il était allé à Toubi.

» Les six semaines que nous venions de passer à Taïti et aux îles de la Société avaient
dissipé toutes les maladies bilieuses et scorbutiques ; mais la moitié de l'équipage était atta-
quée du mal vénérien. D'après nos conversa-
tions avec Oedidi sur ses ravages, nous avons
les plus fortes raisons de croire qu'il existait à
Taïti et aux îles de la Société avant l'arrivée
du capitaine Wallis, en 1768. Oedidi nous a
souvent assuré que, plusieurs années auparavant, sa mère était morte de cette maladie à
Bolabola. On a fait, dans tous les pays, de bien
mauvais raisonnemens sur l'origine de cette
peste ; on a maudit les Espagnols pendant près
de trois siècles pour l'avoir apportée d'Amérique, et il est prouvé, d'une manière incontestable, qu'elle a commencé en Europe lorsque
l'Amérique n'était pas encore découverte (1).
Les privautés de l'équipage avec les femmes de
Tongatabou et des Marquésas, et leurs liaisons
très-intimes avec les trompeuses habitantes de
l'île de Pâques n'eurent aucun effet funeste.
On peut en conclure que l'infection n'a pas
encore éclaté sur ces îles ; mais ces conséquences ne sont pas toujours justes ; car le capitaine
Wallis quitta Taïti sans avoir à bord un seul
vénérien, et la maladie y était pourtant avant

(1) Voyez *Petr. Martyr. ab Angleria Décad. American.*
— *Dissertation sur l'origine de la maladie vénérienne*, par
M. *Sanchez.* Paris, 1752. — *Examen historique sur l'appa-
rition de la maladie vénérienne en Europe.* Lisbonne, 1774.
— Le docteur *Hunter*, dans les *Transactions philosophiques*,
et d'autres.

son débarquement. Il est sûr que les Nouveaux-Zélandais en étaient déjà attaqués lorsqu'ils ne connaissaient pas les Européens.

» Le 16 juin, on découvrit un groupe de cinq ou six îlots couverts de bois et liés ensemble par des bancs de sable et des brisans entourés d'un récif qui ne présente aucune passe. Au milieu on aperçut une lagune. Nous rangeâmes les côtes de l'ouest et du nord-ouest l'espace d'environ deux lieues, et si près du rivage, que nous vîmes quelquefois les roches sous le vaisseau; cependant nous ne trouvâmes pas un lieu propre à l'ancrage, l'on ne distingua aucun vestige d'habitans : on vit une grande quantité d'oiseaux. La côte paraît être fort poissonneuse. La position de cette île est à peu près celle que M. Dalrymple donne à la Sagittaria, découverte par Quiros ; mais nous n'avons rien remarqué qui fût d'accord avec la description du navigateur espagnol. En conséquence, je l'ai regardée comme une nouvelle découverte, et je l'ai nommée l'*île Palmerston*, en l'honneur du lord Palmerston, un des lords de l'amirauté. Elle est située par 18° 4′ de latitude sud, et par 163° 10′ de longitude ouest.

» Le 21, à la pointe du jour, nous nous approchâmes d'une autre île dont nous rangeâmes la côte occidentale à la distance d'un mille, jusqu'à près de midi.

» Elle paraissait escarpée et remplie de roches; on découvrait seulement à leur pied une

grève sablonneuse et étroite : elle était presque
de niveau partout. Nous aperçûmes sur le rivage sept ou huit Indiens nus, et qui paraissaient d'une couleur noirâtre ; quelque chose
de blanc enveloppait leur tête et leurs reins :
chacun d'eux avait une pique, une massue ou
une pagaie à sa main. Nous observâmes des
pirogues halées sur le rivage, dans les fentes
que les rochers laissaient entre eux.

» La descente nous paraissant facile, je fis
mettre deux canots dehors, dans l'un desquels je m'embarquai avec quelques officiers,
MM. Forster, le docteur Sparrman et M. Hodges. Comme nous approchions de la grève, les
insulaires qui étaient sur les rochers se retirèrent dans le bois; nous conjecturâmes qu'ils
venaient à notre rencontre, ce qui était vrai :
nous débarquâmes dans une petite crique sans
aucun obstacle ; et, pour éviter une surprise,
nous prîmes poste sur un rocher élevé, où,
après avoir arboré notre pavillon, M. Forster
et ses compagnons se mirent à herboriser.

» Nous ne vîmes que des rochers de corail
escarpés, et revêtus de petites plantes qu'on
trouve partout sur les îles basses : nous y aperçûmes cependant de nouvelles espèces qui
croissaient, ainsi que les autres, dans les crevasses du corail, où il ne se trouvait pas une
seule particule de terre. Des corlieux, des bé-
cassines et des hérons pareils à ceux de Taïti
frappèrent aussi nos regards.

» La côte était si couverte d'arbres, de brous-

sailles, de plantes, de pierres, etc., que nous
ne pouvions pas voir à cent cinquante pieds
autour de nous. Prenant avec moi deux de mes
officiers, j'entrai dans un sentier qui condui-
sait dans les bois : à peine eûmes-nous fait
quelques pas, que nous entendîmes les Indiens
s'avancer. Nous nous retirâmes sur notre premier poste, et je criai à M. Forster, qui était
à environ deux cents pieds de la mer, d'en faire
autant. Comme nous y arrivions, les insulaires parurent à l'entrée du sentier, à la distance
d'un jet de pierre. Nous leur fîmes des signes
d'amitié ; mais ils n'y répondirent que par des
menaces : l'un d'eux, s'étant approché à cent
cinquante pieds de nous, lança une pierre qui
atteignit M. Sparrman au bras. Deux coups de
fusil furent alors tirés sans ordre, et à cette décharge les insulaires rentrèrent dans la forêt
pour ne plus se montrer.

» Un des champions qui vinrent nous braver, observe Forster, était noirci jusqu'à la
ceinture : sa tête était ornée de plumes placées
debout ; il tenait une pique à la main : on en-
tendait par-derrière des Indiens qui parlaient
et qui poussaient des cris. Il fut ensuite joint
par un jeune homme sans barbe, noirci comme
lui, et qui portait un long arc pareil à ceux de
Tongatabou. C'est ce jeune homme qui jeta la
pierre : le docteur Sparrman, dans le premier
mouvement de douleur et de colère, lui lâcha
son coup de fusil, qui heureusement ne parut
pas le blesser.

» Quoique repoussés par les insulaires, nous ne manquâmes pas de faire la vaine cérémonie de prendre possession de leur île.

» Après avoir fait quelques milles dans notre canot sans découvrir un seul habitant et sans trouver un mouillage, nous atteignîmes une plage sur laquelle étaient quatre pirogues. Nous y descendîmes dans une petite anse formée par des rochers à fleur d'eau. Notre dessein était d'examiner les pirogues, et d'y laisser quelques grains de verroterie, car on ne voyait pas un insulaire. Mais cette descente pouvait être encore plus dangereuse que la précédente. Le rivage est ceint d'un rocher derrière lequel s'étend une plage étroite et pierreuse, terminée par une colline escarpée, d'inégale hauteur, et dont le sommet est couvert de broussailles : deux fentes profondes et étroites, pratiquées dans l'escarpement, semblent ouvrir une communication avec l'intérieur. C'était à l'entrée d'une de ces fentes que se trouvaient les quatre pirogues. Je remarquai qu'en allant les examiner, nous serions exposés à une attaque des insulaires, s'il s'en trouvait dans ce canton, et que la place serait peu propre à nous défendre. Pour prévenir ce désavantage et nous assurer une retraite, je plaçai un détachement sur le rocher, d'où il découvrait les hauteurs, et je m'avançai avec quatre de nos messieurs vers les pirogues.

» Ces bâtimens avaient de forts balanciers ; ils contenaient des nattes grossières, des lignes de pêche, des piques et des morceaux de bois qui semblaient avoir servi aux insulaires de flambeaux pendant leurs pêches nocturnes. Tandis que je remplissais ces pirogues de présens, on aperçut une troupe de naturels qui sortaient de la crevasse entre les roches : nous nous retirâmes quelques pas en arrière. Deux de ces Indiens, parés avec des plumes et noircis comme ceux dont on a déjà parlé, s'avancèrent en poussant des cris furieux et en agitant leurs piques.

» Tous nos efforts pour les amener à une conférence furent inutiles. Les autres montraient une férocité terrible, et décochèrent leurs traits sur nous. Une légère fusillade n'empêcha pas l'un d'entre eux de venir plus près, et de lancer une javeline qui me rasa l'épaule. Une seconde javeline effleura la cuisse de M. Forster fils, et teignit de noir son habit. Le courage de cet insulaire lui aurait coûté la vie, si mon fusil eût pris feu, car je n'étais pas à plus de cinq pas de lui quand il fit partir sa javeline, et je l'aurais tué pour ma propre défense. Je fus ensuite bien aise que l'amorce n'eût pas brûlé. Dans le moment de l'attaque, nos gens, qui occupaient le rocher, firent feu sur d'autres Indiens qui se montraient sur les hauteurs; ce qui ralentit l'ardeur de ceux que nous avions en tête, et nous donna le temps de regagner ce poste, où j'ordonnai qu'on cessât le feu. La dernière décharge dispersa tous les insulaires dans le bois; ils ne reparurent plus tant que nous demeurâmes en cet endroit. Nous ne sûmes point s'il y en eut de tués ou de blessés : l'un d'eux seulement poussait un hurlement douloureux qui annonçait une forte blessure.

» La conduite et l'air farouche des habitans de cette terre m'engagèrent à la nommer *l'île Sauvage*. Sa position est par les 19° 1 de latitude sud, et par 169° 37' de longitude ouest. Elle a environ onze lieues de tour : sa forme est circulaire; ses terres sont élevées d'environ quarante pieds, et la mer, près du rivage, a beaucoup de profondeur. Toute la côte est entièrement couverte d'árbres et d'arbustes, entre lesquels s'élèvent quelques cocotiers; mais nous n'avons pas été à portée de reconnaître les productions de l'intérieur. Elles ne doivent pas être fort considérables, à en juger par ce que nous vîmes sur les bords; car nous n'y aperçûmes que des rochers de corail remplis d'arbres et d'arbustes. On n'y voit pas un seul coin de terre, et les arbres pompent dans l'intérieur des rochers l'humidité qui leur est nécessaire. Si ces rochers de corail ont d'abord été formés dans la mer par les animaux , comment ont-ils été portés à une si grande hauteur ? Cette île s'est-elle élevée par un tremblement de terre ? ou bien les eaux l'ont-elles peu à peu laissée à sec? Des philosophes ont essayé d'expliquer la formation des îles basses qu'on rencontre dans cette mer; mais ils n'ont rien dit de ces îles hautes que j'ai souvent eu occasion de décrire. Dans celle-ci ce n'est pas seulement les roches éparses qui couvrent sa surface qui sont de corail, mais toute la côte n'offre aux yeux qu'une masse solide de rochers de corail escarpés, où le battement continuel des flots a creusé différentes cavernes très-curieuses, et dont quelques-unes sont d'une étendue considérable. Les voûtes de ces cavernes se trouvent soutenues par des colonnes auxquelles les vagues, en se brisant, ont donné les formes les plus variées. Une de ces cavernes était éclairée par le jour qu'elle recevait d'une ouverture dans la voûte : dans une autre, la voûte qui s'était détachée avait produit par sa chute une grande vallée bien plus basse que les rochers qui l'entouraient.

» Je ne puis dire d'ailleurs que très-peu de chose des habitans qui, je crois, ne sont pas nombreux : ils paraissent agiles, dispos, et d'une assez belle stature. Tous vont nus, à l'exception d'une ceinture qu'ils portent autour des reins. Quelques-uns avaient le visage, la poitrine et les cuisses peints d'un bleu foncé. Les pirogues que nous observâmes, construites comme celles de Tongatabou, avaient de plus une espèce de plat-bord qui s'élevait un peu de chaque côté ; les bas-reliefs dont elles étaient décorées annoncent que ces peuples ne sont pas sans industrie. L'aspect de ces insulaires et de leurs pirogues s'accorde assez avec la description que nous a donnée Bougainville de l'île des Navigateurs, située à peu près sous le même parallèle.

» Les jours suivans nous aperçûmes un grand nombre d'autres îles d'une petite étendue, et environnées d'une multitude de rochers. Le 25 quelques pirogues, montées chacune par deux ou trois hommes, s'avancèrent hardiment le long du vaisseau; elles avaient à bord des fruits et du poisson, qu'elles échangèrent pour de petits clous.

» Ces Indiens nous apprirent les noms de toutes les îles des environs. Ils nous montrèrent aussi Anamocka ou Roterdam, et nous invitèrent à nous rendre dans la leur, qu'ils appellent *Cornango*. Le vent commençait à fraîchir; nous les laissâmes de l'arrière, et je gouvernai sur Anamocka.

» Comme nous approchions de la côte méridionale d'Anamocka, une foule de pirogues vinrent à notre rencontre des différentes îles voisines : elles étaient toutes chargées de fruits, de racines et de cochons; mais ne jugeant pas à propos de diminuer de voile, il se fit peu d'échanges. Une de ces pirogues me demanda par mon nom; preuve que ces insulaires commercent avec ceux de Tongatabou. Ils nous pressèrent beaucoup de relâcher sur leur côte, en nous faisant entendre que nous y trouverions un excellent mouillage. Cette côte, qui est au sud-ouest de l'île, paraît être l'abri des vents du sud et du sud-est; mais le jour était déjà trop avancé, et je pouvais d'autant moins faire voile vers le rivage, qu'il aurait d'abord fallu envoyer un canot pour le reconnaître. Je m'approchai donc de la côte du nord, où je mouillai à la distance de trois quarts de mille du rivage.

» La côte s'élevait perpendiculairement de quinze à vingt pieds; ensuite elle paraissait presque plate; on ne voyait qu'un seul mondrain près du centre : elle ressemblait à celle de l'île Sauvage; mais les bois paraissaient plus touffus et plus fertiles. Une quantité innombrable de cocotiers ornaient cette terre de toutes parts.

» Le 26 juin le vaisseau était à peine assuré sur ses ancres, que nous vîmes arriver des pirogues de toutes les parties de l'île : elles apportaient des ignames et du poisson, qu'elles échangèrent pour de petits clous et de vieux morceaux d'étoffe. Un de ces Indiens se saisit de la sonde; et, malgré toutes les menaces que put lui faire Cook, il eut la hardiesse de couper la ligne. On tira sur sa pirogue un coup de mousquet chargé à balle; il se retira tranquillement de l'autre côté du vaisseau : on lui redemanda le plomb une seconde fois, mais en vain. On tira dessus lui à plomb; et quand il se sentit blessé, il rama à l'avant du vaisseau, où pendait une corde à laquelle il attacha la sonde. Ses compatriotes, peu contens de cette restitution, le chassèrent de sa pirogue et le contraignirent de s'enfuir à terre à la nage. Parmi différentes choses qu'ils nous vendirent, il y avait des poules-sultanes en vie, un très-beau *sparus* tout apprêté et servi sur des feuilles, et une racine bouillie qui enfermait une pulpe très-nourrissante, aussi douce que si elle avait été cuite dans du sucre. Tout ce que nous apercevions nous rappelait Tongatabou : comme cette île est à peu de distance d'Anamocka, ces insulaires avaient probablement appris que nous y étions arrivés au mois d'octobre 1773.

» Entre autres marques d'hospitalité qu'on donna au capitaine Cook, une des plus belles femmes de l'île lui fit une offre qu'il n'accepta pas. On défendit aux personnes infectées ou guéries depuis peu de la maladie vénérienne d'aller à terre, et on défendit aussi d'admettre aucune femme dans le vaisseau. Un grand nombre d'Indiennes qui vinrent sur des pirogues semblaient fort empressées de faire connaissance avec les matelots; mais, après avoir pagayé quelque temps autour du vaisseau, comme on ne voulut pas les recevoir, elles s'en retournèrent très-mécontentes.

» Le capitaine ayant monté la chaloupe, ordonna à un canot de nous suivre avec les pièces à l'eau pour les remplir; les Indiens nous aidèrent à conduire ces futailles à l'aiguade, et à les ramener. Un clou et un grain de verroterie étaient le prix de ce petit service : ils nous apportèrent des fruits et des racines en si grande abondance, que la chaloupe et un canot en emportèrent leur charge, et revinrent en prendre une autre dans la matinée, pendant qu'un autre canot remplissait tous les tonneaux.

» Les bananes et les cocos étaient rares en

proportion des pamplemouses et des ignames :
le fruit à pain était encore plus rare, quoique
les arbres qui donnent ces trois fruits fussent
très-nombreux. Les hommes n'avaient pour
vêtement qu'une petite ceinture autour des
reins ; quelques-uns cependant, ainsi que la
plupart des femmes , portaient une étoffe d'é-
corce peinte , très-raide, ou des nattes qui leur
descendaient du bas du dos à la cheville du
pied.

» Les cris de tous ceux qui avaient quelque
chose à vendre devinrent si forts à notre débarquement sur la côte, que nous nous hâtâmes de pénétrer dans l'intérieur du pays, dont
l'aspect était singulièrement attrayant : des
plantes variées couvraient le terrain avec profusion, et les plantations de toute espèce faisaient de cette île un charmant jardin ; les haies,
qui arrêtaient notre vue à Tongatabou, beaucoup moins fréquentes ici, n'enfermaient qu'un
côté du sentier, et laissaient l'autre découvert
à l'œil. Le terrain, qui n'était pas parfaitement de niveau, s'élevait en plusieurs petits
mondrains, environnés de haies et de buissons,
formant une très-agréable perspective. Le chemin que nous suivions passait quelquefois
sous de longues allées d'arbres élevés , plantés
à des distances considérables les uns des autres,
et dans l'intervalle la plus riche verdure ta-
pissait le terrain : d'autres fois un berceau
touffu d'arbustes odorans se prolongeait sur
nos têtes et nous cachait entièrement le so-

leil : on apercevait çà et là un mélange de plantations et de terres en friche. Les maisons des insulaires étaient d'une forme singulière ; elles avaient à peine huit ou neufs pieds de haut ; les parois, proprement faites de roseaux, qui, loin d'être perpendiculaires, convergeaient beaucoup vers le fond, ne s'élevaient pas à plus de trois ou quatre pieds de hauteur : le toit formait un faîte au sommet ; de sorte que le corps de la maison ressemblait à un pentagone : elle était couverte de branchages, et le toit faisait une saillie au delà des parois de la maison disposées en pente sur un des longs côtés ; à quinze à dix-huit pouces de terre, se trouvait une ouverture d'environ deux pieds en carré, qui tenait lieu de porte. La longueur de l'habitation ne surpassait jamais trente pieds, et la largeur était communément de huit ou neuf. De grosses racines d'igname, qui semblent être la principale nourriture des insulaires, remplissaient toujours l'intérieur : cette espèce de lit doit être assez dure ; et cependant, pour dormir la nuit, ils se contentent d'étendre quelques nattes par-dessus. Les petites selles sur lesquelles les Taïtiens appuient leurs têtes sont très-communes ici, et servent au même usage. Nous observâmes aussi plusieurs hangars ouverts, soutenus par des poteaux, pareils à ceux que nous avions vus à Tongatabou. Le sol de ceux-ci était couvert de nattes, et nous les crûmes destinés à être occupés pendant le jour.

» Dans notre course, nous passâmes à côté

d'un grand nombre de ces habitations; mais nous vîmes peu d'habitans : la plupart étaient à notre marché. Tous ceux que nous rencontrâmes nous traitèrent poliment; ils inclinaient leurs têtes, disant *lelei* (bon), *ouoa* (ami); ou bien ils employaient d'autres expressions qui annonçaient leur bon caractère et leurs dispositions amicales à notre égard. Ils nous servaient de guides; ils allaient nous cueillir des fleurs au haut des plus grands arbres, et nous chercher des oiseaux au milieu de l'eau; ils nous montraient souvent les plus belles plantes, dont ils nous apprenaient les noms. Si nous leur en faisions voir une dont nous voulions emporter des échantillons, ils couraient en chercher fort loin; ils nous offraient avec empressement des cocos et des pamplemouses, et ils portaient avec joie de gros fardeaux pour nous : un clou, un grain de verroterie, ou un mauvais morceau d'étoffe, leur paraissaient une récompense précieuse; en un mot, dans toutes les occasions, ils étaient disposés à nous obliger.

» Durant notre promenade, nous atteignîmes une grande lagune d'eau salée à l'extrémité septentrionale de l'île : ce lac qui, en un endroit, n'était séparé de la mer que de quelques pieds, avait environ trois milles de long et un de large; trois petites îles, remplies d'arbres disposés d'une manière pittoresque, ornaient cette belle pièce d'eau, dont les bords attiraient sans cesse les regards. Le paysage, réfléchi sur les ondes, accroissait encore les délices de cette scène ; nous en jouîmes tout à loisir, du haut d'une éminence, où des arbres élevés et des arbustes épais nous mettaient à l'abri du soleil.

» Je n'avais point vu d'île qui offrît une aussi grande variété de sites dans un si petit espace, et nous n'avons trouvé nulle part autant de jolies fleurs : leur doux parfum embaumait l'air ; le lac était rempli de canards sauvages ; les bois et les côtes abondaient en pigeons, perroquets, râles et petits oiseaux : les naturels nous en vendirent plusieurs.

» Les personnes qui étaient restées à bord avaient acheté beaucoup de provisions ; toute la poupe était chargée de pamplemousses d'une excellente saveur, et d'une si grande quantité d'ignames, que nous en mangeâmes chaque jour, durant plusieurs semaines, en place de biscuit. Quelques Indiens, qui étaient venus des îles voisines sur de grandes pirogues doubles, avaient aussi vendu des armes et des ustensiles.

» M. Patten, notre chirurgien, ayant engagé un naturel à le suivre pour quelques grains de verroterie, erra sans crainte dans une grande partie de l'île. Après avoir fait une bonne chasse, il pensa à revenir à l'anse sablonneuse ; l'insulaire portait onze canards. Trouvant les canots partis, il fut un peu déconcerté : une foule nombreuse le pressa de toutes parts ; il se rendit comme il put sur la côte vis-à-vis du vaisseau, d'où nous l'aperçûmes pendant le dîner. Chemin faisant, l'homme qui était chargé des canards en laissait tomber à dessein quelques-uns, mais M. Patten se retournait pour les ramasser : la foule, l'entourant alors de plus près, le menaça de piques dentelées; il n'y eut que la crainte du fusil qui imposa aux insulaires. Plusieurs femmes, assises près des hommes, s'efforçaient, par mille gestes lascifs et par mille postures immodestes, de détourner son attention ; mais sa situation était trop critique pour se laisser ainsi séduire. Quelques temps après, une pirogue arriva du vaisseau, et M. Patten promit un clou au propriétaire de ce bâtiment, s'il voulait le conduire à bord de *la Résolution*. Le marché se conclut, et au moment où il entrait sur le canot, les naturels lui arrachèrent son fusil, lui prirent tous ses canards, excepté trois, l'empêchèrent de partir, et même renvoyèrent la pirogue : fort effrayé, il résolut de se rendre une seconde fois au sommet d'un rocher, où il croyait qu'il serait vu plus aisément du vaisseau. L'audace des Indiens s'accroissant à chaque instant, ils le dépouillèrent. Il se laissa tranquillement enlever sa cravate et son mouchoir; mais, voyant qu'ils saisissaient ses habits avec violence, et qu'ils lui faisaient des gestes très-menaçans, il désespéra de sa vie : il est difficile de se représenter son inquiétude et ses angoisses. Il chercha dans toutes ses poches un couteau ou un autre instrument avec lequel il pût du moins se défendre, ou se venger en mourant. Il n'avait qu'un mauvais étui de cure-dents : il l'ouvrit, et le présenta avec assurance à ces brigands qui, voyant qu'il était creux, reculèrent de deux ou trois pas; il continua à les intimider avec cette arme formidable. Ces misérables tenaient cependant toujours leurs piques levées contre lui. Comme le soleil dardait ses rayons sur sa tête, et qu'il avait marché tout le jour, il était épuisé de fatigue, et il commençait à désespérer de sa vie, lorsqu'une jeune femme très-belle, remarquable par de longs cheveux qui flottaient en boucles sur son sein, eut pitié de lui : elle s'avança hardiment du milieu de la foule ; l'humanité et la compassion étaient peintes dans ses yeux; son visage annonçait tellement l'innocence et la bonté, qu'il fut impossible à M. Patten de se défier d'elle : elle lui offrit un morceau de pamplemousse, qu'il accepta avec empressement et avec beaucoup de reconnaissance; et quand il eut mangé ce premier morceau, elle lui en donna d'autres. Enfin deux canots se détachèrent du vaisseau : à cette vue toute la foule se dispersa. La généreuse Indienne et un vieillard, qui était son père, restèrent assis près du chirurgien avec la tranquillité qu'inspire une conduite noble et vertueuse. Elle demanda le nom de son ami; il lui dit celui que les Taïtiens lui avaient donné, Patini : elle l'adopta sur-le-champ, en le changeant en Patsini. M. Patten, entrant dans le canot, fit présent à cette femme et à son père de divers objets qu'il emprunta de l'équipage.

» Dès que le capitaine fut instruit de cet événement, il descendit à terre dans ce même lieu. A son approche, quelques insulaires se retirèrent en hâte. Il trouva sur les bords de l'anse nos officiers avec un grand nombre d'Indiens. On n'avait fait aucune démarche pour recouvrer le mousquet; il crut devoir dissimuler, et en cela il convint qu'il eut réellement tort. La facilité que les insulaires avaient eue de se saisir de cette arme, qu'ils croyaient bien sûrement en leur possession, les encouragea à de nouvelles tentatives. L'alarme que ce vol avait répandue s'étant dissipée, ils apportèrent assez de provisions pour nous mettre en état de retourner à bord avant la nuit avec nos bateaux bien chargés.

» Les naturels firent, dès le même jour, d'autres petits vols : ils ne paraissaient pas moins filous que les habitans de Tongatabou et des îles de la Société.

» Le 28, de très-bonne heure, le second canot, aux ordres du lieutenant Clerke et du maître, débarqua pour faire de l'eau. Les insulaires, qui s'étaient rassemblés, se conduisirent avec si peu de ménagement, que l'officier ne savait trop s'il devait descendre les futailles; mais, comptant sur mon arrivée, il s'y hasarda. Ce ne fut pas sans beaucoup de rumeur qu'on parvint à les remplir et à les charger. Pendant ce travail, les Indiens ôtèrent au lieutenant son fusil et l'emportèrent; ils prirent aussi quelques outils du tonnelier, et enlevèrent aux autres ce qui se trouva sous leurs mains : ils commirent tous ces vols furtivement, et sans employer la force ouverte. Je débarquai, ajoute Cook, au moment que ce canot allait retourner à bord ; les naturels, en grand nombre sur la plage, me voyant arriver, prirent la fuite. Je soupçonnai une partie de ce qui était arrivé; cependant j'en engageai plusieurs à demeurer, et mon lieutenant m'informa de toute l'affaire : je résolus aussitôt de les forcer à la restitution. Dans ce dessein, je donnai ordre de faire débarquer tous les soldats de marine armés, et de tirer du vaisseau deux ou trois coups de canon, pour avertir M. Forster qui se trouvait dans l'intérieur de l'île avec plusieurs autres personnes; car je ne savais pas comment les insulaires se conduiraient dans cette occasion. Je renvoyai ensuite tous les canots, et je ne gardai que la chaloupe, avec laquelle je restai au milieu d'un grand nombre d'habitans qui montraient à mon égard les dispositions les plus amicales. Je les persuadai si bien de mon intention, que long-temps avant l'arrivée des soldats de marine, on avait rapporté le fusil de M. Clerke; mais ils me firent plusieurs instances pour que je n'insistasse pas sur le reste. L'arrivée de M. Edgecumbe avec les soldats de marine causa aux insulaires qui étaient présens une crainte si vive, que quelques-uns s'enfuirent. Je fis d'abord saisir deux grandes pirogues doubles qui étaient dans l'anse. Un Indien voulut résister : je tirai sur lui à dragées, et je l'obligeai à se retirer en boitant. Les insulaires, alors convaincus que l'affaire était sérieuse, prirent tous la fuite : je les rappelai, et plusieurs revinrent avec confiance. Cet acte de sévérité eut tout l'effet que j'en attendais; le second mousquet fut incessamment rendu. J'ordonnai à l'instant qu'on relâchât les pirogues, afin de leur apprendre par quels motifs on les avait arrêtées; le reste de ce qu'ils avaient volé étant d'une mince valeur, je ne poussai pas plus loin les recherches. Dans cet intervalle, le second canot était revenu à l'aiguade, et nous remplîmes nos futailles sans que les Indiens osassent s'en approcher, à l'exception d'un seul qui, dans tout ceci, avait hautement désapprouvé la conduite des autres.

» En revenant de l'aiguade, je trouvai beaucoup d'Indiens rassemblés près de l'anse; ce qui fit conjecturer à quelques-uns de mes officiers que l'homme à qui j'avais tiré un coup de fusil était mort ou mourant. Cette conjecture me paraissait très-peu vraisemblable : je m'adressai à un naturel, qui semblait jouir d'une certaine considération, pour nous faire rendre l'herminette du tonnelier perdue dans la matinée. Aussitôt il détacha deux hommes, et je crus que c'était pour nous la rapporter; mais je reconnus que nous ne nous étions pas entendus; car, au lieu de l'herminette, on me présenta l'homme que j'avais blessé, et qu'ils avaient couché sur une planche. Le voyant étendu à mes pieds avec toutes les apparences de la

mort, je fus ému de ce triste spectacle : j'observai cependant bientôt qu'il n'avait de blessures qu'à la main et à la cuisse. J'envoyai
chercher le chirurgien pour visiter ses plaies et
y appliquer un remède convenable ; ensuite je
parlai de l'herminette à différens insulaires,
car j'étais résolu de me la faire rendre. Je ques-
tionnai en particulier une vieille Indienne qui,
depuis mon premier débarquement, avait toujours eu beaucoup de choses à me dire ; dans
cette occasion, elle donna une libre carrière à
la volubilité de sa langue. Toute son éloquence
était presque en pure perte : je compris seulement de sa harangue que je ne devais pas insis-
ter sur la restitution d'une chose de si peu de
valeur. S'apercevant que j'y étais déterminé,
elle se retira avec trois ou quatre autres femmes, et, l'instant d'après, l'herminette me fut
rapportée, mais la vieille ne reparut plus. J'en
fus fâché, car je voulais lui faire un présent
pour la récompenser de l'intérêt qu'elle avait
pris à toutes nos affaires générales et particu-
lières. La première fois que j'étais venu à terre
pour reconnaître l'aiguade, cette vieille m'a-
vait présenté une fille, en me faisant entendre
qu'elle était à mon service. La jeune miss, qui
avait probablement reçu ses instructions, exigeait pour préliminaire un grand clou ou une
chemise. Je lui dis par signes que je n'avais rien
à lui donner, espérant par-là m'en débarras-
ser ; mais je me trompais fort, et la vieille m'assura que je pouvais disposer de la jeune per-

sonne, et remettre à une autre fois ma reconnaissance. Sur mon refus, la vieille s'emporta et se mit à m'injurier. Je comprenais peu ses discours; mais ses gestes avaient une expression qui annonçait assez le sens de ses paroles. Elle me disait avec un air moqueur : « Quelle espèce » d'homme êtes-vous, de rejeter ainsi les ca » resses d'une si jolie fille? » Il est vrai que la jeune personne était d'une grande beauté; cependant j'aurais mieux résisté à ses charmes qu'aux invectives de la vieille, et je me hâtai de rentrer dans la chaloupe. La vieille me pressait encore de prendre la jeune fille à bord; mais cela était d'autant moins possible, qu'avant de quitter le vaisseau j'avais expressément défendu d'y recevoir aucune femme sous quelque prétexte que ce pût être, et cela pour des raisons que j'aurai bientôt occasion d'exposer.

» Aussitôt que le chirurgien fut à terre, il visita et pansa les plaies de l'Indien, à qui il fit une saignée; mais ayant demandé des bananes bien mûres pour les faire servir de cataplasme, au lieu de ces fruits, les insulaires lui apportèrent des cannes à sucre dont ils tirèrent la pulpe, qu'ils lui présentèrent pour l'appliquer sur les plaies. Cette plante est plus balsamique que la banane, et ce fait semble supposer que ces peuples ont quelques connaissances des simples.

» On leur donna une bouteille d'eau-de-vie, en leur recommandant d'en laver la plaie, qui n'était pas dangereuse; mais comme l'Indien avait été tiré à vingt-cinq pas, les chairs étaient déchirées, et il souffrait de grandes douleurs.

» Je fis ensuite un présent au blessé, que son maître, ou du moins celui qui réclamait la pirogue, prit probablement pour lui.

» Ces insulaires firent tout ce qu'ils purent pour regagner nos bonnes grâces : après avoir rendu le fusil et la hache, une femme d'un moyen âge, qui semblait jouir de beaucoup d'autorité, dépêcha dans l'intérieur du pays quelques-uns de ses gens, qui rapportèrent la gibecière et le fusil de M. Patten.

» D'autres femmes, qui assistèrent au pansement de leur compatriote blessé, paraissaient fort empressées de rétablir la paix; leurs timides regards nous reprochaient notre superbe et violente conduite. Elles s'assirent sur un joli gazon, et, formant un groupe de plus de cinquante, elles nous invitèrent à nous placer à leurs côtés : chacune d'elles avait des pamplemousses ; elles nous en donnèrent de petits morceaux, en nous prodiguant toutes les marques possibles de tendresse et d'affection. L'amie de M. Patten fut une des plus caressantes; elle occupait un des premiers rangs parmi les beautés de l'île; sa taille avait de la grâce ; toute sa personne offrait les contours les mieux dessinés, les formes les mieux proportionnées : ses traits, parfaitement réguliers, étaient pleins de douceur et de charme ; ses grands yeux noirs étincelaient de feu ; son teint était plus blanc que celui du bas peuple, et elle portait une étoffe brune qui lui serrait le corps au-dessous de la gorge, mais qui s'élargissait ensuite par en bas; ce vêtement lui allait peut-être mieux que la robe européenne la plus élégante.

» Dès que l'affaire fut arrangée, en apparence, à la satisfaction de tout le monde, nous retournâmes dîner à bord, où, trouvant une quantité considérable de fruits et de racines, j'ordonnai qu'on se tînt prêt à mettre à la voile.

» Je fus alors informé d'une circonstance qu'on avait observée à bord. Les pirogues qui se trouvaient autour du vaisseau au moment où les canons firent feu s'étaient toutes retirées, à l'exception d'une seule, dont le maître s'occupait à vider l'eau. Au premier coup il regarda la pièce d'artillerie, et, sans se déconcerter, il resta précisément sous la bouche du canon, et continua son ouvrage. Le second coup ne fit pas plus d'effet sur cet intrépide Indien; et ce ne fut qu'après avoir vidé l'eau de sa pirogue qu'il se retira sans montrer de frayeur. On avait souvent vu ce même Indien prendre des fruits et des racines dans les autres pirogues, et nous les vendre; et si les propriétaires faisaient quelque difficulté de le laisser s'en emparer, il les emportait de force, ce qui le fit nommer par les gens du vaisseau le commis de la douane. Un jour qu'il avait levé cette espèce de tribut, il se trouvait près d'une pirogue à voile: un de ceux qui montaient cette dernière, s'apercevant qu'il regardait d'un autre côté, saisit cette occasion de lui enlever quelque chose de sa pirogue, et partit en même temps à la voile. L'Indien s'aperçut du tour qu'on venait de lui jouer, et poursuivit cette pirogue : après l'avoir atteinte, il battit le voleur, et reprit, non-seulement ce qu'on lui avait dérobé, mais il s'empara de plusieurs autres objets. Nous remarquâmes que ce même insulaire levait une espèce de dîme dans le marché qui se tenait au rivage. Le prenant un jour dans ce marché pour un homme d'importance, j'allais lui faire quelque présent, lorsque j'en fus empêché par un Indien, qui me dit que cet homme n'était point eriki, c'est-à-dire, chef. Il avait toujours les cheveux poudrés d'une espèce de poudre blanche.

» Le calme ne nous permettant pas de partir cette après-midi, plusieurs personnes de l'équipage me suivirent à terre. Les insulaires se montrèrent si affables et si obligeans, que, si nous eussions fait dans cette île un plus long séjour, probablement nous n'aurions pas eu à nous plaindre davantage de leur conduite. Tandis que j'étais sur le rivage, j'appris les noms de vingt îles situées entre le nord-ouest et le nord-est, et dont quelques-unes étaient en vue. Deux de celles qui sont le plus à l'ouest, savoir, Amattafoa et O-ghao, sont remarquables par la grande élévation de leurs terres. Les colonnes de fumée que nous voyions continuellement s'élever du milieu d'Amattafoa, la plus occidentale des deux, nous firent conjecturer qu'elle renfermait un volcan. Au nord de celles-ci nous en aperçûmes trois autres.

» Le 30, dès la pointe du jour, nous dirigeâmes notre route sur Amattafoa. Le soleil avait à peine éclairé l'horizon, que des pirogues arrivèrent de toutes parts autour du vaisseau. Il se fit autant, et même plus d'échanges que la veille, car j'achetai d'une pirogue deux cochons, très-rares dans ces cantons. Vers les quatre heures de l'après-midi nous étions près d'Amattafoa, et nous passâmes entre cette île et Oghao. Le canal qui les sépare est d'environ deux milles de largeur ; on n'y trouve point de fond, et la navigation y est sûre.

» Durant toute cette journée, le sommet d'Amattafoa fut caché dans les nuages, de sorte que nous ne pûmes pas encore déterminer avec certitude s'il s'y trouve un volcan ; mais tout semblait en confirmer l'existence. L'île a environ cinq lieues de tour. O-ghao a moins d'étendue ; mais elle est plus ronde, et sa forme est celle d'un pain de sucre.

» Autour d'Anamocka, c'est-à-dire, du nord-ouest au sud, en passant par le nord et l'est, il y a un grand nombre d'îlots, de bancs de sable et de brisans. Nous les vîmes s'étendre dans le nord à perte de vue, et il n'est pas impossible qu'ils se prolongent jusqu'au sud de Tongatabou. Ces îles, y compris Eouah et Pilstart, forment un groupe qui embrasse environ trois degrés en latitude et deux en longitude. L'amitié et l'alliance étroites qui semblent subsister entre leurs habitans, et leur conduite affable et honnête envers les étrangers, m'ont engagé à les nommer l'archipel ou *les îles des Amis*. Nous pourrions peut-être porter plus loin cet archipel, et y comprendre les îles Boscawen et Keppel, découvertes par le capitaine Wallis, et situées à peu près sous le même méridien, à la latitude de 15° 53'. Si je puis juger des habitans de ces deux îles d'après ce qu'on m'en a dit, leur caractère n'est pas moins pacifique que celui des Indiens de notre archipel.

» Les habitans, les productions, etc., d'Anamocka et des îles voisines, sont à peu près les mêmes qu'à Tongatabou. Les cochons et les volailles n'y sont pas moins rares. Nous ne pûmes nous y procurer que six cochons et très-peu de poules. Nous en tirâmes des ignames et des pamplemouses en abondance; mais il n'était pas si facile d'y avoir d'autres fruits. La moitié de l'île n'y est pas, comme à Tongatabou, en plantations closes; mais le terrain ouvert y est cultivé et fertile. Cependant on rencontre plus de landes dans cette île, eu égard à son étendue, que dans l'autre. Les habitans paraissent aussi plus pauvres, c'est-à-dire qu'on y voit moins d'étoffes, moins de nattes, moins d'ornemens, etc., qui constituent la majeure partie des richesses des insulaires du grand Océan.

» Les naturels de cette île semblent plus sujets à la lèpre et aux autres maladies de la peau que partout ailleurs : leur visage est beaucoup plus affecté que le reste du corps. J'en ai vu plusieurs à qui la lèpre avait rongé le visage et fait tomber le nez.

» Nous ne vîmes dans cette île ni roi ni principal chef : aucun des insulaires ne nous parut avoir une autorité absolue sur les autres. L'Indien et la vieille dont j'ai parlé, et que je crus être mari et femme, s'intéressèrent en quelques occasions dans nos affaires, mais il était aisé de voir que leur crédit ne s'étendait pas loin. »

Forster termine ainsi la description de cette contrée : « L'archipel auquel nous avons donné le nom d'*îles des Amis* semble habité par une race de peuples qui parlent le dialecte général du grand Océan, et qui ont tous le même caractère. En général, ces terres sont bien peuplées. Tongatabou est presqu'un jardin continu ; Eouah, Anamocka, et les îles adjacentes paraissent les plus fertiles ; et l'on ne fera pas un calcul exagéré en comptant deux cent mille âmes sur toutes ces îles. La salubrité du climat et des productions les préservent de ces maladies sans nombre dont nous sommes les victimes ; ils n'ont aucun besoin qu'ils ne puissent satisfaire. Ils ont fait, dans les arts et dans la musique plus de progrès que les autres nations du grand Océan ; ils passent leur temps d'une manière agréable, et ils recherchent les plaisirs de la société. Ils sont actifs et industrieux ; mais à l'égard des étrangers ils ont plus de politesse que de cordialité. Le goût particulier qu'ils ont pour le commerce pourrait faire croire qu'ils ont substitué cette civilité trompeuse à la place de la véritable amitié : ils semblent agir d'après les principes mercenaires et intéressés qu'inspire le commerce. Cette partie de leur caractère est directement opposée à celui des Taïtiens, qui se plaisent dans une vie indolente, mais dont les affections plus senties ne se bornent pas à de simples apparences. Cependant les îles de la Société offrent un grand nombre d'individus sensuels, tels que les arréoïs, dont le caractère moral paraît un peu dépravé ; au lieu que les naturels des îles des Amis semblent ignorer les vices qui sont les fruits de l'opulence.

» Le 1er. juillet 1774, au lever du soleil, nous avions encore la vue d'Amattafoa, à la distance de vingt lieues dans l'est. En continuant notre route à l'ouest, le lendemain à midi, nous découvrîmes dans le nord-ouest une terre que nous voulûmes visiter. A quatre heures après midi, des brisans, qui se montrèrent de l'avant et qui paraissaient s'étendre au loin, nous empêchèrent de pousser plus loin la découverte : nous reconnûmes le lendemain à la pointe du jour que nous étions plus éloignés de la côte que nous ne l'avions imaginé ; à onze heures j'arrivai sous le vent de l'île où l'ancrage et le débarquement paraissaient praticables. Afin de nous assurer du premier, j'envoyai un canot, aux ordres du maître, prendre les sondes ; et, dans cet intervalle, nous courûmes des bordées.

» L'île semblait avoir deux petites collines d'une pente très-douce, couvertes de bois ; une extrémité se terminait en pointe plate, sur laquelle nous observâmes de jolis bocages de cocotiers et d'arbres fruitiers entremêlés de maisons ; une belle grève de sable entourait la côte.

» Nous aperçûmes sur le récif qui borde l'île quatre ou cinq Indiens, et environ une quinzaine sur le rivage. A la vue du canot qui s'avançait, ceux qui occupaient le récif allèrent rejoindre les autres, et tous s'enfuirent dans le bois au moment de la descente. Le canot revint à bord avec la nouvelle qu'on ne trouvait point de fond en dedans du récif, dans lequel le maître n'avait découvert qu'une seule passe de six pieds de profondeur, qui n'était abordable que pour un canot. Après être entré par cette coupure, il avait ramé vers le rivage, espérant parler aux insulaires, au nombre de vingt environ, et tous armés de massues et de lances ; mais au moment où le bateau mit à terre, ils avaient gagné la forêt ; il laissa sur le récif des médailles, des clous et un couteau, que les naturels prirent sans doute, puisqu'ils reparurent bientôt après à la même place. La longueur de cette île, dans la direction du nord-est au sud-ouest, est d'un peu moins d'une lieue ; elle n'a pas la moitié autant de largeur. Ses terres sont entièrement boisées, et elle est défendue tout autour par un récif de corail qui, en quelques endroits, s'étend à deux milles du rivage. Elle est trop petite pour renfermer beaucoup d'habitans; peut-être même que ceux qu'on aperçut venaient d'une île voisine pour pêcher des tortues; car on en vit plusieurs près des récifs, et j'en ai donné le nom à l'île, *Turtle island.*

» Voyant les brisans courir dans le sud-ouest, et voulant m'assurer de toute leur étendue avant la nuit, je quittai l'île de la Tortue et fis voile pour les reconnaître. A deux heures nous découvrîmes qu'ils étaient occasionés par un banc de corail d'environ quatre à cinq lieues de circuit. Par la route que nous avions tenue, nous ne pûmes pas douter que ces brisans ne fussent les mêmes que ceux que nous avions vus le soir précédent. Ce banc de corail se découvre à la basse mer dans presque toutes ses parties; il s'élève à près de quinze pieds au-dessus de la surface de l'eau; les rochers, étroits à la base, s'élargissent au sommet. Je ne sais pas si un tremblement de terre les a poussés si haut au-dessus des flots, dans lesquels ils doivent avoir été formés, ou s'il faut assigner une autre cause à ce singulier phénomène.

» Près des bords de ce banc l'eau n'est pas profonde; dans le milieu elle l'est beaucoup. En un mot, il ne manque à ce banc que des îlots pour le rendre exactement semblable à une de ces îles rases à demi-noyées, avec une lagune dont nous avons souvent fait mention. Il se trouve au sud-ouest de l'île de la Tortue, à la distance d'environ cinq ou six milles, et le canal qui le sépare du récif de l'île a trois milles de largeur. Ne voyant plus d'îles ni d'écueils, et persuadé qu'on pourrait pêcher des tortues sur ce banc, j'y envoyai deux bateaux convenablement équipés; mais ils n'y firent que d'inutiles tentatives.

» Le 13, les matelots célébrèrent avec leur gaieté accoutumée le second anniversaire de notre départ d'Angleterre. Ils burent copieusement; ils avaient épargné une partie de leur ration pour ce grand jour, et ils noyèrent leurs idées tristes dans le grog (1). L'un d'eux, dont l'esprit avait une teinte de fanatisme, composa une hymne à cette occasion, ainsi qu'il avait déjà fait la première année; et, après avoir exhorté sérieusement ses camarades à la pénitence, il se mit à boire et s'enivra comme les autres.

» Le 16, vers les trois heures après midi, nous eûmes la vue d'une terre haute qui nous restait au sud-ouest; nous gouvernâmes de ce côté. Nous ne doutions pas que ce ne fût la terre australe du Saint-Esprit, découverte par Quiros, que Bougainville a nommée les Grandes-Cyclades, et que la côte que nous prolongions ne fût la côte de l'est de l'île Aurore.

» Le 18, nous aperçûmes des cocotiers jusque sur les hautes chaînes de montagnes de

____

(1) Sorte de boisson composée d'eau-de-vie, d'eau, etc.

l'île. Autant qu'une brume épaisse nous permit d'en juger, elle est revêtue de forêts touffues, d'un aspect agréable, mais sauvage. Forster père découvrit un moment le petit pic de rocher que Bougainville appelle pic de l'Étoile ou pic de l'Averdy; mais les nuages, qui se mouvaient avec beaucoup de vitesse, le couvrirent bientôt.

» A deux heures après midi nous nous approchâmes du milieu de l'île des Lépreux. Les habitans parurent sur le rivage, et nous vîmes de superbes cascades qui se précipitaient des montagnes voisines. Toute la pointe nord-est était plus basse et couverte de différens arbres; les palmiers, en particulier, y sont innombrables et croissent sur des collines. N'étant plus qu'à un demi-mille de terre, la sonde rapporta trente brasses d'eau, fond de sable. A un mille de distance nous n'avions point trouvé de fond avec une ligne de soixante-dix brasses. Deux pirogues se détachèrent du rivage pour s'avancer vers nous : l'une était montée par trois Indiens, et l'autre par un seul. Elles ne s'approchèrent qu'à un jet de pierre, malgré tous les signes d'amitié que nous nous efforcions de leur faire. Elles ne s'y arrêtèrent pas même long-temps, et retournèrent bientôt à terre, où nous apercevions un grand nombre d'habitans assemblés et armés d'arcs et de flèches.

» Comme je me proposais de m'avancer au sud, afin de reconnaître les terres de ce parage, je continuai d'aller au plus près du vent, entre l'île des Lépreux et l'île Aurore. Le 20, à midi, nous étions par le travers de la pointe méridionale de l'île Aurore. Sa côte nord-ouest forme une petite baie, dans laquelle nous cherchâmes un mouillage ; mais la sonde ne rapporta pas moins de quatre-vingts brasses d'eau, à un demi-mille de la grève. Je suis cependant tenté de croire que, plus près de terre, on trouve moins de profondeur et un ancrage sûr : je pense aussi que le pays fournirait en abondance de l'eau douce et du bois. L'île entière, depuis les bords de la mer jusqu'au sommet des montagnes, paraît couverte de bois, et toutes les vallées y sont coupées de ruisseaux. L'île Aurore a environ douze lieues de long, et pas plus de cinq milles de large : ses montagnes sont aiguës et d'une hauteur considérable. L'île des Lépreux est presque aussi grande que celle de l'Aurore ; mais elle est plus large. Les habitans se montrèrent sur la plage, et l'on voyait sur la côte des pirogues ; mais elles ne vinrent pas près du vaisseau. En quittant la baie, nous entrâmes dans le canal qui sépare l'île Aurore de l'île de la Pentecôte. Celle-ci semblait plus peuplée et plus remplie de plantations que les deux précédentes. A minuit nous remarquâmes que les feux s'étendaient jusqu'au sommet des collines. Il paraît que l'agriculture fournit aux habitans leurs principaux moyens de subsistance ; et puisqu'ils ont peu de pirogues, et que leurs côtes sont très-escarpées, nous jugeâmes qu'ils ne s'adonnent pas autant à la pêche que les autres insulaires.

» Le 21, à la pointe du jour, nous nous trouvâmes devant le canal qui sépare l'île de la Pentecôte de la terre au sud, et qui a environ deux lieues de large. La terre au sud parut alors s'étendre du sud à l'ouest, aussi loin que la vue pouvait porter; sur la partie la plus voisine de nous, qui est d'une hauteur considérable, s'élevaient deux grosses colonnes de fumée, que nous jugeâmes partir de quelques volcans. Toute la côte sud-ouest formait, en s'inclinant, une plaine très-belle et très-étendue, de laquelle jaillissaient, des tourbillons innombrables de fumée entre les bocages les plus riches qu'eussent contemplés nos yeux depuis notre départ de Taïti. L'aspect fertile de l'île et le nombre des feux annonçaient qu'elle est bien peuplée. Dans ce moment je fis route au sud-sud-ouest, et vers les dix heures nous découvrîmes que cette portion de terre était une île à laquelle les naturels donnent le nom d'*Ambrym*. Nous aperçûmes ensuite dans le sud-est de la pointe méridionale d'Ambrym deux terres hautes. Celle que nous vîmes la seconde a un pic très-élevé. Nous conjecturâmes que ces terres appartenaient à deux îles séparées : elles étaient à peu près à la distance de dix lieues. Poursuivant notre route pour reconnaître celle qui était de l'avant à nous, à midi nous n'en étions éloignés que de cinq milles.

» En approchant du rivage, nous remarquâmes une crique qui avait l'apparence d'un bon havre ; elle était formée par une pointe basse ou péninsule qui s'avançait au nord. Sur cette pointe étaient des habitans qui paraissaient nous inviter à descendre à terre ; et vraisemblablement ce n'était pas à bonne intention, car ils étaient presque tous armés d'arcs et de flèches. Dans la vue de gagner du terrain et le temps nécessaire pour équiper et mettre dehors les canots, je revirai de bord et courus une bordée, ce qui nous fit découvrir un autre havre une lieue environ plus au sud. Les deux canots que j'avais envoyés pour sonder et chercher un mouillage nous ayant signalé qu'ils en trouvaient un dans le dernier havre, j'y laissai tomber l'ancre sur onze brasses d'eau à près de deux encâblures de la côte, et à un mille en dedans de l'entrée.

» L'officier qui commandait les bateaux nous dit que les naturels s'étaient avancés sur leurs pirogues, très-près de lui ; que, loin de lui faire aucune insulte, ils agitaient des rameaux verts, et qu'après avoir rempli leurs mains d'eau salée, ils la versaient sur leurs têtes : l'officier ne manqua pas de leur rendre ce compliment et ce témoignage de bienveillance. Ils s'approchèrent enfin du vaisseau, remuant toujours des plantes vertes, et en particulier les feuilles du dragonnier et d'un beau *croton variegatum* : ils répétaient continuellement le mot *tomar* ou *tomarro*, expression qui semble équivaloir au *tayo* de Taïti. La plupart étaient cependant armés d'arcs, de flèches et de piques. Ils se préparèrent ainsi, à tout événement, à la paix ou à la guerre.

» Dès que nous fûmes à l'ancre, continue Forster, plusieurs arrivèrent dans leurs pirogues. On leur donna des étoffes de Taïti, qu'ils acceptèrent avec empressement ; et par reconnaissance, ils offrirent quelques-unes de leurs flèches, d'abord celles qui étaient armées seulement de bois, et ensuite d'autres armées de pointes d'os, et barbouillées d'une gomme noirâtre, qui nous les fit croire empoisonnées. On les essaya sur un petit chien de Taïti, qu'on blessa à la jambe ; mais cette blessure n'eut aucune suite funeste. La langue de ce peuple est si différente de tous les dialectes de la mer du Sud que nous avions entendus jusqu'alors, que nous n'y comprîmes pas un seul mot : elle était beaucoup plus dure, et remplie de *r*, *s*, *ch*, et d'autres consonnes. Ces insulaires ne ressemblaient pas non plus par la stature à leurs voisins ; ils étaient tous extrêmement minces, et, en général, leur taille n'excédait pas cinq pieds quatre pouces ; leurs membres manquaient souvent de proportion ; ils avaient les jambes et les bras longs et grêles, le teint d'un brun noirâtre ; les cheveux noirs, frisés et laineux ; les traits de leur visage nous paraissaient plus extraordinaires que tout le reste : ils avaient le nez large et plat, les pommettes des joues proéminentes comme les nègres, le front très-petit, et quelquefois extrêmement déprimé : le visage et la poitrine de la plupart étaient d'ailleurs peints en noir; ce qui nous blessait encore plus que leur laideur naturelle : quelques-uns portaient sur la tête un petit bonnet de natte; mais ils étaient tous absolument nus. La plupart des autres nations se servent d'une pagne par pudeur; mais le rouleau d'étoffe que ces insulaires portent constamment relevé et attaché à la ceinture, blesse tout-à-fait la modestie.

» Ils ne cessèrent de parler autour du bâtiment d'un ton très-élevé; mais en même temps ils mirent tant de bonne humeur dans leurs propos, qu'ils nous amusèrent : dès que nous jetions les yeux sur l'un d'eux, il babillait sans aucune réserve, en faisant des grimaces affreuses. D'après leurs manières, leurs figures et leur loquacité, nous les comparions à des singes.

» Le soir ils retournèrent à terre; ils y allumèrent des feux, et on les entendit parler aussi haut entre eux qu'ils avaient parlé près de nous; mais à huit heures ils revinrent tous au vaisseau sur leurs pirogues avec des tisons brûlans, afin de recommencer une nouvelle conversation. Ils y mêlèrent une activité surprenante; nos répliques avaient un peu moins de volubilité. La soirée fut calme et belle, et la lune brilla par intervalles. Nous fûmes surpris de les voir si empressés autour de nous la nuit, car les Indiens restent rarement autour d'un bâtiment

après le coucher du soleil. Quelques personnes de l'équipage pensaient qu'ils venaient
comme espions, pour reconnaître si nous
étions sur nos gardes; mais leur conduite paisible ne donnait pas lieu à ce soupçon. Le capitaine défendit d'en laisser monter aucun à
bord, et de rien acheter d'eux. Ils se retirèrent
vers la côte à minuit; ils chantèrent et bat-
tirent du tambour jusqu'au jour, et même nous
en vîmes quelques-uns qui dansaient : nous
en conclûmes qu'ils sont très-gais.

» Le lendemain au point du jour, ils revinrent dans leurs pirogues, et se mirent à nous
appeler. Il en monta plusieurs à bord; ils ne
tardèrent pas à se familiariser; quelques-uns
grimpèrent avec la plus grande aisance, par
les haubans, jusqu'au haut des mâts. Nous
n'avons jamais rencontré de peuple si intelligent; ils comprenaient nos signes et nos gestes comme s'ils les avaient vu pratiquer depuis
long-temps; et en peu de minutes ils nous apprirent un grand nombre de mots de leur langue; ce qui nous convainquit encore mieux
qu'elle est absolument différente de cette langue générale dont on parle les dialectes divers
aux îles de la Société, aux îles des Amis, aux
Iles-Basses, à l'île de Pâques et à la Nouvelle-
Zélande : elle n'est pas difficile à prononcer;
mais elle a plus de consonnes qu'aucune de
celles dont on vient de faire mention : le son
le plus singulier qu'ils formassent était celui de
brrr. Ainsi, par exemple, un de nos amis s'ap-

pelait *Mambrreum*, et un autre *Bonombrrouaï*.

» Ils désiraient tout ce qu'ils voyaient ; mais ils ne murmuraient point quand on ne le leur accordait pas ; ils admiraient beaucoup les miroirs, et prenaient un extrême plaisir à s'y regarder : ce peuple laid nous semblait plus entiché de sa figure que la belle nation de Taïti et des îles de la Société.

» Ils avaient les oreilles percées, et un trou dans la cloison des narines, où ils portaient un morceau de bâton, ou deux petits cailloux de sélénite ou d'albâtre joints ensemble, de manière qu'ils formaient un angle obtus ; des bracelets proprement travaillés, de petites coquilles noires et blanches ornaient la partie supérieure de leurs bras ; ces bracelets les serraient si fortement, qu'ils avaient sans doute été mis dans le bas âge ; leur corps n'était point tatoué.

» Le 22 nous partîmes dans deux canots, et nous descendîmes en présence de quatre ou cinq cents habitans rassemblés sur le rivage. Quoique tous fussent armés d'arcs, de flèches, de massues et de lances, ils ne firent pas la moindre opposition ; au contraire, voyant, dit Cook, que je m'avançais seul, sans armes, un rameau vert à la main, l'un d'eux qui paraissait être un chef, donna son arc et ses flèches à un autre, et se mit dans l'eau pour venir à ma rencontre ; il portait un pareil rameau qu'il échangea contre le mien ; et, me prenant ensuite par la main, il me présenta à ses compatriotes. Je leur distribuai aussitôt des présens, tandis que les soldats de marine se rangèrent en bataille sur la plage. Je fis signe à ces insulaires (car nous n'entendions pas un seul mot de leur langue), que nous avions besoin de bois, et ils nous répondirent que nous pouvions en couper. Dans ce moment on amena un petit cochon, qu'on m'offrit, et je donnai au porteur une pièce d'étoffe dont il parut charmé; nous espérions obtenir bientôt de ces Indiens d'autres provisions; nous nous trompions. Le cochon avait été apporté non pour être échangé, mais probablement pour être offert, comme le sceau de la pacification. Nous n'obtînmes d'eux qu'une demi-douzaine de cocos, et une très-petite quantité d'eau douce. Ils ne mettaient aucune valeur aux clous ni à nos outils de fer, et même ils n'estimaient rien de tout ce que nous avions. De temps à autre, ils échangeaient une flèche pour une pièce d'étoffe, mais ils consentaient rarement à se départir d'un arc. Ils ne voulaient point que nous quittassions le rivage pour entrer dans l'intérieur, et ils désiraient fort que nous retournassions au vaisseau.

» Plusieurs d'entre eux s'assirent volontiers près de nous au pied d'un arbre, afin de nous apprendre leur langage : ils étaient surpris de l'aptitude que nous avions à nous souvenir des mots qu'ils prononçaient, et ils semblaient réfléchir comment avec une plume et du papier il était possible de conserver des sons. Non-seulement ils mettaient du zèle à nous instruire, mais ils désiraient aussi d'apprendre notre langue, dont ils prononçaient si exactement les termes, que nous admirions la vivacité de leur pénétration et l'étendue de leur intelligence. Comme ils avaient les organes de la parole très-flexibles, nous essayâmes de leur faire prononcer les sons les plus difficiles des langues de l'Europe, et ils rendirent, sans la moindre difficulté, et après l'avoir entendue une seule fois, la syllabe russe *chtch*. Nous leur apprîmes ensuite les termes numériques anglais, et ils les répétèrent très-rapidement sur leurs doigts : en un mot, s'ils ne prêtaient pas une longue attention à nos discours, ils saisissaient et imitaient dès le premier instant tout ce que nous voulions leur dire.

» Ils nous vendirent des flèches empoisonnées, mais en nous avertissant de ne pas en éprouver la pointe contre nos doigts ; et ils nous assurèrent par les signes les plus intelligibles qu'un trait ordinaire peut transpercer le bras d'un homme sans le faire mourir, mais que la plus légère égratignure de ceux-ci suffit pour le tuer. Si, malgré ces conseils, nous les approchions de nos doigts, ils nous saisissaient amicalement par le bras, comme pour nous préserver d'un danger imminent. Vers midi, toute la foule se retira, et nous retournâmes à bord.

» Le jour était trop avancé pour retourner à terre après dîner ; les matelots furent employés aux diverses réparations nécessaires dans les manœuvres ; mais, apercevant sur le rivage un Indien qui portait la bouée d'un ancre à jet, qu'il avait prise dans la nuit, j'allai à terre pour la reprendre. Au moment que je débarquai, elle fut rendue par l'homme même, qui se retira sans prononcer une parole. Je dois observer que cette bouée fut l'unique chose que ces insulaires cherchèrent à nous enlever. Comme nous étions descendus près de quelques maisons et de plantations précisément à l'entrée du bois, j'engageai un insulaire à nous y conduire ; mais il ne voulut jamais permettre à personne qu'à M. Forster de me suivre : ces cabanes sont assez semblables à celles que nous avions vues dans les autres îles ; elles sont un peu basses, et couvertes de feuilles de latanier : quelques-unes étaient fermées tout autour avec des planches ; une ouverture carrée, pratiquée à une extrémité, servait de porte ; elle était close alors, et l'on refusa de nous l'ouvrir : en cet endroit, il n'y avait guère que six huttes, et quelques petites plantations de racines, etc., entourées d'une haie de roseaux comme aux îles des Amis. On y voyait encore des cocotiers, des arbres à pain, des bananiers ; mais ces arbres, en petit nombre, étaient chargés de peu de fruits. Nous aperçûmes une provision assez considérable de beaux ignames qu'on avait mis en tas sur des branchages, ou sur une espèce de plate-forme ; une vingtaine de cochons et des poules rôdaient autour de ces habitations. Ayant tout observé, nous rentrâmes dans le canot, et nous rangeâmes le rivage jusqu'à la pointe sud-est du havre, où nous descendîmes pour aller à pied le long de la plage. Nous ne tardâmes pas à découvrir les îles qui sont au sud-est, et dont nous avons fait mention. Nous apprîmes alors les noms de ces îles et de celle où nous étions ; ils l'appellent *Mallicolo* (1). La première, au-dessus de la pointe méridionale d'Ambrym, a le nom d'*Épi* ; et l'autre, sur laquelle s'élève un pic, est appelée *Peoum*. Nous trouvâmes sur la plage un fruit ressemblant à une orange, que les insulaires nomment *abbi-mora* ; mais comme il était pouri, je ne puis pas dire s'il est bon à manger.

» Le 23, à sept heures du matin, je fis lever l'ancre pour profiter du clair de lune. Les Indiens, nous voyant sous voile, arrivèrent dans leurs pirogues. Les échanges se firent avec plus de confiance qu'auparavant, et ils nous donnèrent des preuves si extraordinaires de leur loyauté, que nous en fûmes surpris. Comme le vaisseau marcha d'abord fort vite, nous laissâmes en arrière plusieurs de leurs canots qui avaient reçu nos marchandises, sans avoir eu le temps de donner les leurs en échange. Au lieu de profiter de cette occasion pour se les approprier, comme auraient fait nos amis des

---

(1) Ou *mallicola*. Quelques-uns de nos gens prononçaient *manicolo* ou *manicola*, et c'est ainsi qu'elle est écrite dans le Mémoire de Quiros que Dalrymple a fait imprimer.

îles de la Société, ils employèrent tous leurs efforts pour nous atteindre et nous remettre ce dont ils avaient reçu le prix. Un des Indiens nous suivit pendant un temps considérable; et le calme survenant, il parvint à nous joindre. Dès qu'il fut le long du vaisseau, il montra ce qu'il avait déjà vendu; plusieurs personnes voulurent le lui payer; mais il refusa de s'en défaire jusqu'à ce qu'il aperçût celui qui le lui avait acheté, et il le lui remit. La personne ne le reconnaissant pas, lui en offrit de nouveau la valeur; mais cet honnête Indien ne voulut point l'accepter, et lui fit voir ce qu'il avait reçu en échange. Les pièces d'étoffe et le papier marbré furent fort recherchés de ces insulaires, qui ne mettaient aucun prix à nos clous, à nos outils de fer, à nos grains de verroterie. Les pirogues ne furent jamais plus de huit ensemble devant le vaisseau; on ne voyait pas plus de quatre ou cinq Indiens dans chacune : ce qui prouve qu'ils ne sont pas habiles pêcheurs. Il arrivait quelquefois qu'ils se retiraient subitement au rivage sans avoir fait la moitié des échanges qu'ils paraissaient s'être proposés; et d'autres venaient ensuite les remplacer.

» Comme nous sortions du havre à la marée basse, un grand nombre d'habitans étaient alors sur les récifs qui bordent l'île, pour y amasser des coquillages. Ainsi notre séjour sur leur côte ne les empêcha point de suivre leurs occupations ordinaires. Sans doute que, ne leur causant aucune inquiétude, si nous eussions fait un plus long séjour, nous aurions lié une plus étroite amitié avec eux. On pourrait presque les regarder comme une espèce de singes, car ils sont très-laids et très-mal proportionnés ; et à tous égards ils diffèrent beaucoup des nations que nous avons visitées dans cette mer. Ces hommes, d'une très-petite race, sont d'une couleur bronzée ; ils ont la tête longue, le visage-plat, et la mine des singes. Leurs cheveux, généralement noirs ou bruns, sont courts et crépus, sans être aussi doux et aussi laineux que ceux d'un nègre d'Afrique. Leur barbe est forte, touffue, et ordinairement noire et courte. Mais ce qui ajoute infiniment à leur difformité, c'est une ceinture ou corde qu'ils portent tous autour des reins, et qu'ils serrent si étroitement sur le ventre, que la forme de leur corps est semblable à celle d'une grosse fourmi. Ce cordage est aussi gros que le doigt, et forme une entaille si profonde sur le nombril, que le corps paraît en quelque sorte double. Les hommes vont tous nus, et à peine se couvrent-ils les parties naturelles d'un morceau de natte, ou d'une feuille dont ils se servent comme d'un pagne.

» Nous vîmes peu de femmes, et elles n'étaient pas moins hideuses que les hommes. Elles se peignent la tête, le visage et les épaules de rouge : elles portent une espèce de jupe ; quelques-unes avaient sur le dos une sorte d'écharpe, où elles placént leurs enfans. Il n'en vint aucune à bord ; et quand nous étions à terre, elles se tinrent toujours à une certaine distance. Leurs parures sont des pendans d'oreilles d'écaille de tortue, et des bracelets. Un de ces bracelets nous a paru très-curieux : sa largeur était de quatre à cinq pouces ; il était fait avec de la tresse ou de la ficelle, et garni d'écaille ; il se mettait précisément au-dessus du coude. Au poignet droit, ils ont un cercle de dents de cochon et de grands anneaux d'écaille, avec une plaque de bois arrondie autour du poignet gauche. Ils sont encore dans l'usage de se percer la cloison du nez, pour la décorer d'une pierre blanche courbe d'environ un pouce et demi de longueur.

» Les habitans de Mallicolo paraissent être une nation absolument différente de toutes celles que nous avons vues jusqu'à présent. D'environ quatre-vingts mots de leur langue que M. Forster a rassemblés, à peine s'en trouve-t-il un qui ait quelque affinité avec les langues des autres îles où nous avons relâché.

» Je crois que leurs fruits ne sont pas si bons que ceux des îles des Amis ou des îles de la Société. J'en suis du moins assuré à l'égard des cocos : leurs arbres à pain et leurs bananiers ne paraissent pas valoir mieux ; mais les ignames semblent y être excellens. »

Voici ce que Forster ajoute à cette description : « Mallicolo a environ vingt lieues de long du nord au sud : ses montagnes intérieures sont très-élevées, couvertes de forêts, et contiennent sans doute de belles sources d'eau douce, quoique nous n'avons pu les découvrir entre les arbres. Le sol, autant que nous avons pu l'examiner, est gras et fertile comme celui des plaines des îles de la Société ; et le voisinage du volcan d'Ambrym nous donne lieu de supposer qu'elle en a un aussi. Ses productions végétales semblent être abondantes et fort variées ; les plantes utiles ne sont pas moins nombreuses qu'aux îles que nous venions de visiter. Peut-être qu'elles y sont moins bonnes, comme le croit le capitaine Cook.

» Les cochons et les volailles sont leurs animaux domestiques ; nous y avons ajouté des chiens, en leur donnant un mâle et une femelle, qu'ils reçurent avec un extrême plaisir. Je suis persuadé qu'ils en prendront un grand soin ; mais, parce qu'ils les appelaient *broas* (ce qui signifie cochon), nous fûmes convaincus qu'ils étaient absolument nouveaux pour eux. Nous n'y avons point trouvé d'autre quadrupède durant notre courte relâche, et il n'est pas probable que dans une île si éloignée des continens il se trouve des quadrupèdes sauvages ; à la vérité, un seul jour passé sur une grève stérile ne suffit pas pour se former une idée complète des animaux et des végétaux d'un pays : mais nous avons eu occasion de remarquer que les bois sont habités par plusieurs espèces d'oiseaux, parmi lesquels il y en a sans doute d'inconnus aux naturels.

» A juger du nombre des habitans par la foule que nous aperçûmes au port où nous mouillâmes, on croirait qu'il est considérable; mais, vu la grande étendue de l'île, je ne puis pas la supposer très-peuplée. Elle ne contient pas, je pense, plus de cinquante mille insulaires; ils ne sont point dispersés, comme à Taïti, sur les bords des montagnes; ils sont répandus sur plus de six cents milles carrés. Le pays semble être une vaste forêt; ils ont seulement commencé à ouvrir et à planter quelques petits cantons perdus dans ce grand espace comme de petites îles dans l'Océan. Peut-être que, si l'on venait à bout de pénétrer l'histoire de cette race, on trouverait qu'elle est arrivée sur cette terre beaucoup plus tard que les naturels des îles de la Société et des Amis : il est sûr du moins qu'elle paraît très-différente.

» Enfin, comme ils nous ont donné de grandes preuves d'intelligence et de pénétration, et que leur entendement est susceptible de beaucoup de progrès, il ne faudra que l'impulsion d'un homme ambitieux pour les civiliser davantage.

» Le havre, situé sur la côte nord - est de Mallicolo, à très-peu de distance de la pointe du sud-est, reçut le nom de *port de Sandwich*. Il a environ une lieue de longueur, et sa largeur est d'un tiers de lieue. En dehors, il part de chaque pointe un récif de peu d'étendue; mais le canal est d'une bonne largeur, et l'on y trouve depuis quarante jusqu'à vingt-quatre brasses d'eau. Dans le port, la profondeur de l'eau est depuis vingt jusqu'à quatre brasses ; il est si bien abrité , qu'un vaisseau à l'ancre ne peut jamais y être incommodé des vents. Il offre un autre avantage : on peut mouiller assez près de la grève pour y protéger les travailleurs.

» Le 23 juillet, on leva l'ancre, et en doublant la pointe sud-est de Mallicolo, on distingua au large quatre petites îles qui s'étaient d'abord montrées comme une seule terre. bientôt on aperçut les îles d'Ambrym, de Péoum et d'Epi.

» Ambrym , qui contient un volcan , paraît avoir plus de vingt lieues de tour. Péoum a un pic élevé , mais est peu étendue. On ne reconnut point si la terre qu'on avait vue auparavant à l'ouest de cette île lui est jointe. En supposant que ces deux parties ne forment qu'une seule île , la circonférenee n'est pas de plus de cinq lieues. Epi a sept lieues de long. La quantité de tourbillons de fumée qui s'élevaient des différentes îles donna lieu de croire que les naturels apprêtent leurs alimens sur la surface de la terre, en plein air. Aux îles de la Société et des Amis, où les habitans cuisent leurs mets sous terre avec des pierres chaudes , on apercevait rarement du feu ou de la fumée.

» Le 24 , on découvrit une autre île, remarquable par trois collines qui forment trois pics, circonstance qui lui a fait donner ce nom *Three-Hills.* Elle est fort boisée et probablement bien peuplée, car on vit sur la côte plusieurs naturels qui ressemblaient à ceux de Mallicolo, et qui étaient comme eux armés d'arcs et de flèches. Ayant doublé *Three-Hills*, on se dirigea sur un groupe de petites îles qui sont au sud-est de la pointe d'Epi ; le capitaine les nomma *îles Shepherd*, en l'honneur de son ami le docteur Shepherd, professeur d'astronomie à Cambridge. Bientôt nous aperçûmes de toutes parts des terres ou des îles. Un calme survenu dans cette position nous causa de vives inquiétudes. Heureusement que dans la nuit un vent d'est vint mettre fin à nos anxiétés.

» Le 25 juillet, au point du jour, nous courûmes une petite bordée dans l'est des îles Shepherd, tenant le plus près du vent jusqu'après le lever du soleil, que, ne voyant plus de terre dans cette direction, nous revirâmes de bord, et gouvernâmes sur une île que nous avions aperçue dans le sud. Nous passâmes à l'est de *Three-Hills* et d'une île rase qui est à son sud-est, entre un rocher remarquable par sa forme pyramidale, que nous nommâmes *le Monument*, et une petite île appelée *Two-Hills*, à cause de ses deux collines taillées en pics et séparées par un isthme étroit et bas. Le canal entre cette île et *le Monument* a près d'un mille de largeur, sur un fond de vingt-quatre brasses d'eau. Excepté ce rocher, qui n'est accessible qu'aux oiseaux, nous n'avions pas découvert une seule île inhabitée. Le ressac, en brisant sur *le Monument*, y avait formé des sillons et des tranchées très-profonds. Ce rocher est noirâtre, haut de cent cinquante pieds, et n'est pas absolument dénué de verdure.

» Poursuivant notre route au sud, nous nous trouvâmes, à cinq heures après midi, dans le voisinage des terres du sud, qui consistent en une grande île dont les extrémités sud et ouest s'étendent à perte de vue, et trois ou quatre petites situées au large de sa côte nord. Les deux plus septentrionales, qui sont les plus étendues, sont assez hautes. Je nommai l'une *Montagu*, l'autre *Hinchinbrook*, et la plus considérable *Sandwich*, en l'honneur du comte de Sandwich, mon protecteur.

» Sur la fin du jour, nous aperçûmes une pirogue avec une voile triangulaire, qui venait du sud-ouest et se dirigeait vers *Three-Hills :* les naturels de ces différentes îles communiquent probablement entre eux de la même manière que les habitans des îles des Amis et des îles de la Société.

» L'aspect des trois îles est très-riant; des plaines, des bosquets en diversifient agréablement le terrain : du pied des montagnes, qui sont d'une médiocre hauteur, se prolonge une pente douce jusqu'au bord de la mer, défendue par une chaîne de brisans qui les rendent inaccessibles de certains côtés. Sur la plus grande, la côte nord semble se replier pour former une baie à l'abri des vents régnans. En avançant, nous aperçûmes des cocotiers, des palmiers et différens autres arbres, parmi lesquels on découvrait de petites huttes et des pirogues échouées sur la grève. Nous admirions ailleurs des bocages touffus et des espaces considérables de terrain défriché, qui par leur couleur jaunâtre ressemblaient exactement aux champs de blé de l'Europe. Nous convînmes tous que cette île est une des plus belles de ce nouveau groupe ; elle paraît très-bien située pour y faire un établissement européen. A en juger de la distance d'où nous la vîmes, elle nous parut moins habitée que celles que nous avions laissées au nord ; ce qui faciliterait encore l'établissement d'une colonie. D'après ce que nous avons observé à Mallicolo, cette race d'insulaires est très-intelligente, et recevrait avec empressement les avantages de la civilisation.

» Après avoir été contrariés par les vents, les calmes et les courans, depuis le 27 juillet jusqu'au 4 août, nous parvînmes enfin à l'île d'Irromanga, que nous avions en vue depuis quelques jours. Au point du jour, j'allai avec deux canots examiner la côte, et chercher un lieu propre pour débarquer, et faire de l'eau et du bois. Les insulaires s'assemblèrent alors sur le rivage, et par leurs signes nous invitèrent à venir à terre. J'arrivai d'abord à une petite pointe située dans une baie au nord-ouest d'un promontoire très-saillant, où je ne trouvai point le débarquement facile, à cause des rochers qui bordent la côte de toute part. Néanmoins je poussai l'avant de ma chaloupe sur le rivage, et je distribuai des étoffes, des médailles, etc., aux insulaires. Ils m'offrirent de tirer les bateaux par-dessus les brisans de la pointe sablonneuse. Je ne doutai pas que cette offre ne fût amicale ; mais j'eus ensuite lieu de changer d'opinion. Voyant que nous nous refusions à ce qu'ils désiraient, ils nous firent signe de remonter la baie ; nous y consentîmes, et les insulaires, dont le nombre croissait prodigieusement, nous suivirent en courant. J'essayai de débarquer en deux ou trois endroits ; mais la grève ne paraissant point commode, je ne mis pas à terre. Les naturels, qui s'étaient sans doute aperçus de ce que je désirais, me conduisirent autour d'une pointe de roche, où, sur une plage d'un très-beau sable, je débarquai en présence d'une grande foule, n'ayant à la main qu'un rameau vert que j'avais reçu de l'un d'eux. Je n'étais accompagné que d'une seule personne, et j'ordonnai à l'autre canot de se tenir à une petite distance au large. Les insulaires me reçurent de l'air le plus honnête et le plus obligeant, et s'éloignèrent de ma chaloupe dès que je les en priai par un signe de la main. L'un d'eux, que je pris pour un chef, leur fit former un demi-cercle autour de l'avant du bateau, et il frappa ceux qui tentaient de passer cette ligne. Je le comblai de présens ; mes libéralités s'étendirent aussi sur les autres, et je leur demandai par signes de l'eau fraîche, dans l'espérance de voir la source où ils la puisaient. Le chef parla tout de suite à un Indien qui courut à une maison, d'où il revint avec de l'eau dans un vase de bambou. J'étais par-là peu instruit de ce que je voùlais savoir. Je demandai ensuite des rafraîchissemens, et à l'instant on m'apporta un igname et des cocos.

» J'étais assez content de leur conduite, et la seule chose qui pût me laisser du soupçon, c'est que la plupart d'entre eux étaient armés de massues, de lances, de dards, d'arcs et de flèches. Par cette raison, j'avais continuellement l'œil sur le chef, et je n'observais pas moins attentivement ses regards que ses actions. Il me fit plusieurs signes pour haler le bateau sur le rivage; enfin il s'avança dans la foule, où je le vis causer avec plusieurs Indiens : revenant ensuite vers moi, il me répéta par signes de haler le bateau, et il hésita pendant quelque temps à recevoir les clous que je lui offrais. Alors, concevant des soupçons, je rentrai aussitôt dans le canot, en avertissant par signes les insulaires que j'allais revenir. Mais leur intention n'était pas que nous nous séparassions si vite, et ils essayèrent de nous obliger de force à ce qu'ils n'avaient pu obtenir par des manières plus douces. La planche de débarquement qui m'avait servi à rentrer dans le canot était malheureusement encore dehors. Je dis malheureusement, car si elle n'en eût pas été ôtée, et si l'équipage eût été plus prompt à pousser le canot au large, les Indiens n'auraient pas eu le temps d'exécuter leur dessein, et la scène fâcheuse qui suivit n'aurait pas cu lieu. Au moment où nous voulions nous éloigner, ils saisirent la planche et la décrochèrent de l'arrière; mais comme ils ne l'emportaient pas, je crus que cela s'était fait par accident, et j'ordonnai au canot de se rapprocher de terre pour la reprendre. Alors ils l'accrochèrent eux-mêmes sur l'étrave, et essayèrent de tirer le canot sur le rivage; d'autres en même temps se jetèrent sur les avirons pour les arracher des mains des matelots. Voyant que je leur présentais le bout de mon fusil, ils lâchèrent prise; mais un instant après ils revinrent avec la résolution de haler le canot sur la grève. Le chef était à la tête de la troupe, et ceux qui ne pouvaient pas nous serrer de près se tenaient derrière, ayant à la main des traits, des lances, des pierres, des arcs et des flèches, prêts à soutenir les premiers. Les signes et les menaces ne les contenant plus, il fallut penser à notre sûreté. Cependant je ne voulais pas tirer sur la multitude, et je résolus de rendre le chef seul victime de sa perfidie; mais, dans cet instant critique, l'amorce brûla sans que le coup partît. Quelque idée qu'ils se fussent formée de nos armes, ils ne devaient plus les regarder que comme des armes d'enfans, et ils montrèrent combien les leurs étaient supérieures en faisant pleuvoir sur nous une grêle de pierres, de dards et de flèches. Je fus dans la nécessité d'ordonner de tirer. La première décharge les mit dans une grande confusion; mais une seconde fut à peine suffisante pour les

chasser du rivage; et malgré ces fusillades ils
continuèrent de jeter des pierres de derrière
les arbres et les buissons, et de temps à autre
ils s'avançaient afin de lancer des dards. De
quatre qui paraissaient être restés morts sur le
rivage, nous en vîmes ensuite deux qui se traînèrent dans les broussailles. Ce fut pour eux
une chose très-heureuse, qu'il n'y eût que la
moitié des mousquets qui prît feu; sans cela
il en serait resté sur la place un plus grand
nombre. Un des nôtres fut blessé à la joue,
d'un dard dont la pointe était de l'épaisseur
du doigt, et qui cependant était entré de deux
pouces; ce qui montre avec quelle force le
trait avait été lancé. M. Gilbert fut atteint
d'une flèche à la poitrine, à la distance d'environ soixante pieds; cette flèche avait rencontré quelque obstacle, car elle ne fit guère
qu'effleurer la peau. Les flèches étaient armées
de pointes d'un bois dur.

» Ceux qui étaient restés à bord virent les
insulaires courir çà et là, traînant après eux
les morts et les blessés, puis se former ensuite
en bataille, paraissant disposés à venger la
mort de leurs compatriotes.

» Après que le premier feu eut cessé, on en
aperçut qui se traînaient à quatre pates dans
les buissons; d'autres se cachèrent derrière une
élévation sablonneuse, qui leur servait de re-
tranchement, et d'où ils tâchèrent d'assaillir
nos gens, qui à leur tour les épièrent quelque temps pour les fusiller.

» A notre arrivée à bord je fis lever l'ancre, dans le dessein de mouiller plus près du lieu du débarquement. Toute la côte occidentale était couverte de palmiers qui produisaient un bel effet, et qui paraissaient différens du cocotier. Sur ces entrefaites, plusieurs habitans parurent à la pointe basse du rocher, et nous montrèrent deux avirons que nous avions perdus dans le démêlé. Je regardai cette démarche comme un signe de leur soumission, et du désir qu'ils avaient de nous les rendre. Néanmoins on tira une pièce de quatre, pour leur donner une idée de nos canons : le boulet ne porta pas jusqu'à eux ; mais le bruit leur causa une telle frayeur, qu'ils ne reparurent plus, et ils laissèrent les avirons contre des buissons.

» Le temps était alors calme ; mais l'ancre était à peine au bossoir, qu'il s'éleva une brise du nord, dont nous profitâmes pour sortir de la baie ; nous n'espérions pas y pourvoir à nos besoins, du moins comme nous l'aurions désiré : d'ailleurs il était toujours en mon pouvoir d'y revenir, en cas que nous ne trouvassions pas une descente plus commode en nous avançant plus au sud.

» Ces insulaires paraissent être une race différente de celle qui habite Mallicolo ; aussi ne parlent-ils pas la même langue : ils sont d'une médiocre stature, mais bien pris dans leur taille, et leurs traits ne sont point désagréables ; leur teint est très-bronzé ; ils se peignent le visage, les uns de noir et d'autres de rouge ; leurs cheveux sont bouclés et un peu laineux. Le peu de femmes que j'ai aperçues semblaient être fort laides ; elles portent une espèce de jupe de feuilles de palmier ou de quelque autre plante semblable ; les hommes, comme les habitans de Mallicolo, vont nus, et ils n'ont autour des reins qu'une corde. Je n'ai vu de pirogues en aucun endroit de la côte ; ils vivent dans des maisons couvertes de feuilles de palmier ; leurs plantations sont alignées et entourées d'une baie de roseaux.

» A deux heures de l'après-midi nous étions en dehors de la baie, et nous fîmes route au sud-sud-est, en profitant d'un vent du nord-ouest, joli frais. Au sud du cap que nous doublâmes en sortant de la baie nord-ouest, on en voit une autre dont le rivage est bas ; les terres voisines semblent être très-fertiles ; elles sont revêtues de forêts touffues, et d'un coup d'œil enchanteur ; au sud, elles se penchent doucement, et présentent une vaste étendue presque entièrement cultivée. La baie est exposée aux vents du sud-est : par cette raison, jusqu'à ce qu'elle soit mieux connue, celle du nord-ouest est préférable, parce qu'elle est à l'abri des vents régnans, et que ceux auxquels elle est ouverte soufflent rarement avec une certaine force. J'ai appelé le cap ou la péninsule qui sépare ces deux baies *le cap des Traîtres*, d'après la conduite perfide des habitans.

» Le 5, au lever du soleil, nous découvrîmes dans le sud-est une autre île, dont les terres étaient hautes et aplaties; et dans le nord-est une île basse que nous avions doublée la nuit sans l'apercevoir. Nous reconnûmes alors qu'une lumière, que nous avions vue la nuit, était occasionée par un volcan sur la grande île, d'où sortait une grande quantité de feu et de fumée, avec un bruit sourd qui se faisait entendre à une grande distance.

» C'était la montagne la plus basse d'une rangée qui était elle-même d'une hauteur secondaire, relativement à une autre chaîne. Le volcan était d'une forme conique; au sommet l'on voyait le cratère; il était d'un rouge brun, et consistait en un amas de pierres brûlées, entièrement stériles. Une colonne épaisse de fumée, pareille à un grand arbre, en jaillissait de temps en temps, et sa tête s'élargissait à mesure qu'elle montait. Toutes les fois qu'une nouvelle colonne de fumée était ainsi poussée en l'air, nous entendions un son bruyant pareil à celui du tonnerre, et les colonnes se suivaient de près. La couleur de la fumée n'était pas toujours la même : en général elle nous paraissait blanche et jaunâtre, quelquefois d'un gris sale un peu rouge ; nous jugeâmes que cette différence provenait en partie du feu du cratère qui éclairait la fumée et les cendres. Toute l'île, excepté le volcan, est bien boisée, et contient une grande quantité de beaux cocotiers. La verdure y était fort belle, même à cette saison de l'année, qui était l'hiver pour ces climats.

» Nous découvrîmes sur la côte une petite ouverture qui avait l'apparence d'un bon port. Afin de nous en mieux assurer, j'envoyai deux canots armés aux ordres du lieutenant Cooper, pour y sonder. Pendant cette opération, nous tâchâmes de nous maintenir à portée de le suivre, ou de lui donner les secours dont il pourrait avoir besoin. Sur la pointe orientale de l'entrée, nous aperçûmes assez distinctement un certain nombre d'habitans, plusieurs maisons et des pirogues. Au moment que nos canots entrèrent dans le port, les insulaires en lancèrent quelques-unes à l'eau pour suivre nos bateaux, mais sans oser en approcher. Bientôt M. Cooper fit signal de bon mouillage, et nous essayâmes aussitôt de le rejoindre. Nous étions à peine entrés dans le port, que le vent nous quitta, et nous fûmes forcés de laisser tomber l'ancre par quatre brasses d'eau : alors je renvoyai les canots sonder ; et dans cet intervalle je fis mettre dehors la chaloupe avec les ancres pour remorquer le bâtiment aussitôt que nous aurions pris connaissance du canal. Ce fut le seul mouillage où nous restâmes quelque temps dans le vaste groupe d'îles que nous venions de découvrir.

» Tandis qu'on remorquait le vaisseau, les insulaires s'assemblèrent en divers endroits du rivage ; tous étaient armés d'arcs, de flèches, etc. Quelques-uns s'avancèrent vers nous à la nage, d'autres dans des pirogues : ils se montrèrent d'abord timides, et n'approchèrent qu'à la distance d'un jet de pierre ; insensiblement ils devinrent plus hardis, et des pirogues, qui passèrent sous l'arrière, y firent des échanges. Une des premières s'étant approchée d'aussi près que la crainte le lui permit, jeta à bord des cocos : je descendis dans un canot pour la joindre, et je lui donnai quelques pièces d'étoffe, et d'autres objets, ce qui engagea les autres à se rendre sous l'arrière et le long des côtés, où leur conduite devint insolente et téméraire. Ils essayèrent d'enlever tout ce qui était à leur portée ; ils saisirent le pavillon en voulant l'arracher de son mât ; d'autres s'efforçaient de faire sauter les ferrures du gouvernail. Ce qui nous tracassa le plus, fut leur acharnement après les bouées des ancres ; elles ne furent pas plus tôt hors des canots, qu'ils cherchèrent à les enlever. Des coups de fusil tirés en l'air n'eurent aucun effet ; mais au bruit de la décharge d'un canon de quatre, la frayeur les saisit, et ils sautèrent tous hors de leurs pirogues pour se jeter à la nage. Dès qu'ils virent qu'il ne leur était arrivé aucun mal, ils rentrèrent dans leurs canots, poussèrent des cris en nous menaçant de leurs armes, et retournèrent hardiment aux bouées. Il fallut faire siffler quelques balles autour de leurs oreilles. Quoique aucun d'eux n'eût été blessé, on leur avait inspiré assez de crainte pour les écarter : bientôt ils se retirèrent sur le rivage, et ils nous fut permis de dîner sans être troublés de leur part.

» Je comptai, observe Forster, les pirogues qui nous entouraient, et elles étaient au nombre de dix-sept; les unes portaient vingt-deux hommes, d'autres dix, sept, cinq, et les plus petites deux; de sorte qu'en tout il y avait plus de deux cents insulaires; ils disaient quelques mots par intervalles, et semblaient nous adresser des questions; mais quand nous prononcions un mot du dialecte de Taïti ou de Mallicolo, ils le répétaient sans paraître le connaître en aucune manière.

» Le premier vol qu'ils entreprirent de commettre, fut de prendre un filet qui contenait la viande salée de notre dîner, qu'on laissait flotter dans la mer pour l'y rafraîchir : on s'en aperçut, et on poussa des cris pour les engager à cesser. Ils s'arrêtèrent effectivement; mais l'un d'eux brandit sa pique contre nous, un second ajusta un trait sur son arc, et sembla viser tour à tour plusieurs personnes placées sur le gaillard d'arrière. Le capitaine, afin de les effrayer, se disposa à tirer un coup de canon; mais auparavant il fit signe aux pirogues de se ranger de côté, pour qu'elles ne fussent pas exposées à l'action du boulet. Ces marques d'autorité ne les offensèrent point, et ils vinrent promptement se placer à notre arrière. Au bruit du canon on vit les deux cents Indiens se jeter à la mer, et au milieu de cette consternation générale un jeune homme bien fait, et d'une physionomie très-ouverte, resta seul dans sa pirogue, sans donner le moindre indice d'étonnement ou de crainte; mais avec un air de gaieté il jeta des regards de dédain sur ses compatriotes effrayés. Mais voyant ensuite que notre bravade n'avait eu pour eux aucune suite funeste, ils causèrent d'un ton très-haut, et ils parurent rire de leur propre épouvante.

» J'observai un autre trait de courage dans un vieillard qui se trouvait autour d'une bouée, qu'il voulait probablement enlever : quoiqu'il eût été blessé par un premier coup de fusil, il ne désempara point, et il garda son poste à la seconde et à la troisième décharge; et même après avoir ainsi enduré notre feu , il eut assez de générosité et de hardiesse pour venir nous offrir son amitié et nous présenter un coco.

» Pendant tout ce temps, un vieillard très-paisible fit plusieurs voyages du rivage au vaisseau, apportant chaque fois des cocos ou un igname, et prenant en échange tout ce qu'on voulait lui donner. Un second, au moment qu'on tira le canon, était sur le passavant; on ne put le rassurer assez pour l'engager à rester. Vers le soir, après avoir amarré le vaisseau, le capitaine alla avec un fort détachement descendre à l'entrée de la baie. Les Indiens ne s'opposèrent pas à notre descente : ils formaient deux corps, l'un à notre droite, et l'autre à la gauche; tous étaient armés de massues, de dards, de lances, de frondes et de pierres, d'arcs et de flèches. Après avoir distribué aux plus âgés (car nous ne pouvions pas distinguer les chefs) et à quelques autres, des pièces d'étoffe, des médailles, etc., on mit à terre deux pièces à l'eau, pour les remplir à un étang qui se trouvait environ à vingt pas du débarquement, faisant entendre aux insulaires que c'était une des choses dont nous avions besoin. Ils nous donnèrent alors quelques cocos, qui paraissaient être très-abondans sur les arbres, mais nous ne réussîmes point à leur faire échanger quelques-unes de leurs armes. Ils se tinrent toujours dans l'attitude de gens prêts à se défendre ou à attaquer, et il n'aurait fallu que le plus petit motif pour amener un engagement : c'est du moins ce que nous présumions en les voyant se pousser sur nous malgré tous nos efforts pour les écarter. Il est probable que nous déconcertâmes leur projet d'attaque en nous rembarquant plus tôt qu'ils ne s'y étaient attendus. Dès que nous fûmes à bord, tous se retirèrent. Le bon vieillard dont on a parlé était dans l'un des groupes; nous le jugeâmes d'un caractère pacifique.

» Quand nous débarquâmes, dit Forster, quelques-uns, qui étaient assis sur l'herbe le long du rivage, s'enfuirent; mais ils revinrent dès que nous les eûmes rappelés par signes. Nous les priâmes ensuite de s'asseoir, ce que firent la plupart : nous leur défendîmes de passer une ligne que nous traçâmes sur le sable, et ils obéirent. Dès que nous demandâmes à couper du bois, ils nous montrèrent eux-mêmes des arbres; seulement ils nous invitèrent à ne pas abattre des cocotiers, dont une quantité innombrable couvrait la côte. Quoique les soldats de marine fussent rangés en bataille; quoiqu'au moindre de leurs mouvemens les naturels se missent à fuir à une distance considérable, et qu'il ne restât près de nous que des vieillards, ils ne craignaient pas de se rapprocher dès que nous le désirions. Nous les invitâmes de mettre bas les armes, et la plupart acquiescèrent à cette demande, qui était en elle-même déraisonnable.

» Ils étaient d'une moyenne stature, infiniment plus forts et mieux proportionnés que les habitans de Mallicolo, et, comme ceux-ci, entièrement nus; ils portaient aussi comme eux une corde autour du ventre; mais elle ne coupait pas leur corps d'une manière aussi choquante. Quelques femmes que nous vîmes de loin me paraissaient moins laides que celles de Mallicolo : deux filles tenaient chacune une longue pique à la main.

» En causant avec eux, nous rassemblâmes un grand nombre de mots entièrement nouveaux pour nous; quelquefois ils exprimaient une même idée par deux termes dont l'un était nouveau pour nous, et le second répondait au langage des îles des Amis; d'où nous conclûmes qu'ils ont des voisins d'une autre race qui parlent cette langue. Ils nous dirent que leur île s'appelle *Tanna*, mot qui signifie *terre* dans la langue malaise.

» Le soir, nous vîmes briller la flamme du volcan, et de cinq en cinq minutes nous entendions une explosion. Ce phénomène avait attiré notre attention toute la journée : le bruit de quelques-unes des explosions égalait celui des plus violens coups de tonnerre, et un fracas sourd retentissait pendant une demi-minute; l'air était rempli de particules de fumée et de cendres, qui nous causaient beaucoup de douleur quand elles nous tombaient dans les yeux. Les ponts, les agrès, et toutes les parties du vaisseau furent remplis de cendres noires l'espace de quelques heures, et le même sable mêlé de fraisil et de pierre ponce couvrait la côte de la mer. Ce volcan était éloigné de notre havre de cinq ou six milles; comme plusieurs montagnes occupaient l'espace intermédiaire, nous n'en apercevions que le sommet, qui vomissait continuellement de la fumée.

» Nous avions besoin, continue Cook, de faire une grande quantité de bois et d'eau, et comme étant à terre j'avais observé qu'on pouvait approcher davantage le vaisseau du lieu du débarquement, ce qui faciliterait considérablement les travaux, puisque nous serions en état de couvrir et de protéger les travailleurs et de contenir les insulaires par la crainte, le 6 août on remorqua le bâtiment à la place désignée pour le nouveau mouillage.

» Tandis qu'on effectuait cette opération, les insulaires arrivaient de toutes parts, et, formant deux corps séparés, ils se rangèrent de chaque côté du débarquement, comme ils avaient fait le jour précédent; ils portaient tous les mêmes armes. Une pirogue montée par un seul homme, et quelquefois par deux ou trois, venait de temps à autre au vaisseau : elle était chargée de cocos et de bananes, qu'elle offrait sans rien demander en retour; mais j'avais soin qu'on lui fît toujours des présens. Leur principal dessein parut être de nous inviter à descendre à terre. Le vieillard qui avait si bien su se concilier notre amitié fut du nombre de ceux qui se rendirent au bâtiment : je lui fis entendre par signes qu'ils devaient mettre bas leurs armes. Il commença par prendre celles qui étaient dans la pirogue, et les jeta dans la mer. Je lui donnai une grande pièce d'étoffe rouge : je ne pouvais pas douter qu'ils ne m'eût compris, et qu'il ne fît connaître ma demande à ses compatriotes; car, dès qu'il fut à terre, nous le vîmes passer successivement de l'un à l'autre corps, et conférer avec les insulaires; et depuis il ne reparut plus avec des armes. L'instant d'après, une pirogue où étaient trois Indiens s'approcha de l'arrière : l'un d'eux, brandissant sa massue d'un air arrogant, en frappa le côté du vaisseau, et commit divers actes de violence; mais il offrit enfin de l'échanger pour un cordon de verroterie et d'autres bagatelles. On les lui descendit du vaisseau avec une corde : au moment qu'il les eut en sa possession, il se retira avec ses compagnons, en forçant de rames, sans vouloir livrer sa massue ou quelque chose en retour. C'était là ce que j'attendais, et je n'étais pas fâché d'avoir une occasion de convaincre la multitude qui bordait le rivage de l'effet de nos armes à feu, en ne leur faisant que le moins de mal possible. J'avais un fusil de chasse chargé à dragées, que je tirai; et quand ils furent hors de la portée du mousquet, on lâcha quelques coups de mousqueton. A ce bruit, ils sautèrent par-dessus bord, se couvrant de leur pirogue, et nageant avec elle jusqu'au rivage. Cette mousquetade ne produisit que peu ou point d'impression sur ces insulaires ; ils n'en parurent que plus insolens, et commencèrent à pousser des cris et des huées.

» Après avoir assuré sur ses ancres le vaisseau, qui présentait le travers au rivage, et placé l'artillerie de manière à commander tout le havre, je m'embarquai avec les soldats de la marine et un détachement de matelots, dans trois canots, et je fis ramer vers le rivage. Deux troupes d'insulaires, rangées des deux côtés du lieu du débarquement, avaient laissé entre elles un espace d'environ cent à cent vingts pieds, dans lequel étaient placés des régimes de bananes, un igname et deux ou trois racines. Entre ces fruits et le bord de la mer, ils avaient dressé dans le sable (je n'ai

6..

jamais su à quel propos) quatre petits roseaux à deux pieds environ l'un de l'autre, sur une ligne perpendiculaire à la mer; ils y étaient encore deux ou trois jours après. Le vieillard dont j'ai déjà parlé, et deux autres, étaient près de ces roseaux, et nous invitaient par signes à descendre à terre; mais je n'avais pas oublié le piége qu'on nous avait tendu, et où je pensai me laisser prendre dans la dernière île. Tous ces apprêts devaient nous donner des soupçons sur leur dessein. Je répondis en faisant signe aux deux divisions, composées d'environ neuf cents hommes, de se retirer en arrière, et de nous laisser un plus grand espace. Le vieillard parut les y engager; ils n'eurent pas plus d'égard pour lui que pour nous. Ils se rapprochèrent encore davantage; et, à l'exception de deux ou trois, ils étaient tous armés. En un mot, tout tendait à nous faire croire qu'ils se proposaient de nous attaquer à notre descente. Il était aisé d'en prévoir les conséquences; un grand nombre d'entre eux auraient été tués ou blessés, et nous-mêmes aurions difficilement échappé à leurs traits; deux choses que je voulais également prévenir. Voyant qu'ils refusaient de nous laisser de la place, je crus qu'il était plus à propos de les effrayer que de les contraindre à la fuite par des décharges meurtrières. Je fis tirer un coup de mousquet par-dessus la tête de la division de notre droite, qui était la plus nombreuse (il y avait environ sept cents Indiens);

mais l'alarme ne fut que momentanée. Bientôt ils revinrent de leur frayeur, et commencèrent à nous menacer avec leurs armes. Un des plus impudens nous montra son derrière dans une attitude qui ne laissait aucune équivoque. Il se frappait les fesses avec sa main, ce qui est un défi et un appel au combat chez toutes les nations de la mer du Sud. Nous répondîmes à ces bravades par trois ou quatre coups de fusil ; c'était le signal de commandement pour le vaisseau , qui, dans ce moment fit jouer l'artillerie , et le rivage fut bientôt balayé. Alors nous descendîmes à terre, et marquâmes des limites par une ligne à droite et à gauche. Notre vieil ami était resté seul à son poste, et je reconnus sa confiance par un présent. Les habitans revinrent peu à peu, et en apparence avec des dispositions plus pacifiques ; quelques-uns même reparurent sans armes; cependant la majeure partie restait armée ; et quand nous leur fîmes signe de les mettre bas, ils répondirent que nous devions commencer par poser les nôtres. Ainsi, de part et d'autre, on resta toujours armé. Comme ils sortaient peu à peu des buissons pour se rendre sur la grève, nous défendîmes aux nouveaux venus de passer les bornes que nous leur avions établies ; et, en ce point, ils obéirent tous. Les présens que je fis aux vieillards, et à quelques autres Indiens de considération, n'eurent que très-peu d'effet sur leur conduite. Il est vrai qu'ils montèrent sur des cocotiers , et qu'ils nous en donnèrent les fruits sans en rien exiger; mais j'étais toujours attentif à leur faire accepter quelque chose en échange : il nous prièrent instamment de ne plus tirer. J'observai que plusieurs craignaient de toucher à ce qui nous appartenait, et qu'ils paraissaient n'avoir aucune notion d'échange. Prenant avec moi le vieillard (son nom, comme je l'appris alors, était Paoouang), je le conduisis dans le bois ; là, je lui expliquai que nous étions obligés de couper des arbres et de les prendre à bord du vaisseau ; et, dans le même temps, nous en abattîmes quelques-uns qu'on transporta dans nos chaloupes, avec de petites pièces à l'eau, dans le dessein de montrer à ces Indiens que c'était principalement ce que nous leur demandions. Paoouang consentit sur-le-champ à la coupe du bois, et les autres n'y formèrent point d'opposition. Il nous supplia seulement de ne pas couper de cocotiers, ce que nous lui promîmes.

» L'après-midi, nous retournâmes à terre pour faire de l'eau. Pas un seul insulaire ne se trouvait sur la grève. A une distance considérable, à l'est, nous en vîmes environ trente assis à l'ombre de leurs palmiers ; mais ils ne daignèrent pas venir près de nous. Nous profitâmes de l'occasion pour faire trois ou quatre cents pas dans l'intérieur, où l'on cueillit plusieurs plantes nouvelles. Cette partie de la plaine était en friche, et remplie de différens arbres et arbrisseaux ; on craignit d'aller plus loin, parce que l'on ne connaissait pas encore le caractère des insulaires : peu à peu ils se rapprochèrent de nous sans armes, et causèrent le mieux qu'ils purent, et avec la plus grande cordialité. Ils étaient au nombre de vingt ou trente. Notre bon ami Paoouang, qui se trouvait parmi la foule, nous fit présent d'un petit cochon ; ce fut le seul que nous eûmes de cette île. Je n'ai pas appris qu'il y eût eu ce jour-là ou la veille quelque Indien blessé ou tué ; ce qui était une circonstance très-heureuse. Avec nos filets, nous prîmes en trois coups plus de trois cents livres de mulets et d'autres poissons.

» Le 7, dans la même matinée, les habitans se rassemblèrent près de l'aiguade, armés comme auparavant, mais non pas en si grand nombre. Après le déjeuner, nous allâmes à terre pour couper du bois et remplir les futailles. Je trouvai plusieurs insulaires, et surtout les vieillards, disposés à être de nos amis ; les plus jeunes furent audacieux et insolens, et nous obligèrent à ne pas quitter nos armes. Je restai avec les travailleurs jusqu'à ce que je fusse comme assuré qu'ils ne commettraient point de désordre, et je retournai à bord, laissant le détachement sous les ordres des lieutenans Clerke et Edgecumbe. Quand ces messieurs arrivèrent pour dîner, ils m'informèrent que les Indiens s'étaient toujours comportés avec la même irrégularité qu'à notre débarquement ; que l'un d'eux, plus mutin encore que les autres, avait mis M. Edgecumbe dans la nécessité de lui lâcher son fusil chargé à dragées, et que cette correction les avait enfin rendus plus circonspects. Tous s'étaient retirés en voyant nos canots retourner à bord. Tandis que nous étions à table, un vieillard vint sur *la Résolution*, en examina les différentes parties, et regagna ensuite le rivage.

» L'après-midi, il ne vint à l'aiguade qu'un petit nombre d'Indiens, avec lesquels nous commencions à avoir un peu plus de liaison. Paoouang nous rapporta une hache que les travailleurs avaient laissée dans le bois ou sur le rivage. Quelques autres objets qu'on avait perdus par négligence, ou que les habitans avaient furtivement enlevés, nous furent encore rendus, tant ils craignaient de nous offenser à cet égard.

» Au coucher du soleil ils se dispersèrent tous, excepté quelques-uns qui vinrent nous dire qu'ils voulaient aller dormir; ils semblaient nous en demander la permission. Nous leur fîmes signe de partir, et à l'instant ils nous quittèrent. Nous jugeâmes qu'il y avait une espèce de cérémonial dans cette conduite, et qu'ils ne croyaient pas qu'il fût honnête de laisser leurs hôtes seuls dans leur pays; ce qui paraît supposer qu'ils ont des idées de politesse et de décence que nous ne comptions pas trouver chez un peuple aussi peu civilisé.

» Le 9, en quittant le rivage, j'engageai un jeune Indien appelé Ouaagou (1), à me suivre

_____
(1) Forster lui donne le nom de *Fannòkko*.

à bord. C'était celui qui montra tant de sang-froid en restant seul dans sa pirogue, lorsqu'à l'explosion du canon deux cents autres insulaires se jetèrent pêle-mêle dans la mer. Avant le dîner je lui montrai toutes les parties du vaisseau ; mais je remarquai que rien ne pouvait fixer un moment son attention, ni lui causer la moindre surprise. Il n'avait jamais vu de chèvres, ni de chiens, ni de chats, et il les prenait pour des cochons, en les appelant *bougas*. Je lui fis présent d'un chien et d'une chienne, qu'il paraissait préférer aux autres espèces d'animaux. Un instant après son arrivée à bord, quelques-uns de ses amis qui le suivirent dans une pirogue vinrent le demander, probablement par inquiétude pour sa sûreté. Il regarda par la fenêtre ; dès qu'il eut parlé ils retournèrent au rivage, et lui apportèrent aussitôt un coq, une petite canne à sucre, et des cocos qu'il me donna. A table, il ne voulut goûter d'autre viande que du porc salé ; il mangea volontiers de l'igname, et but un verre de vin.

» Ainsi que ses compatriotes, il n'avait pas la même facilité de prononciation que les Mallicolais ; et quand il nous demanda nos noms, nous fûmes obligés de les lui dire en les adoucissant, suivant les organes plus flexibles des Taïtiens. Il avait de beaux traits, de grands yeux très-vifs, et toute sa physionomie annonçait de la bonne humeur, de l'enjouement et de la pénétration. Forster cite un exemple de son intelligence. Le capitaine Cook et mon père, dit-il, comparant leur vocabulaire, trouvèrent qu'ils avaient chacun noté un mot différent pour exprimer le ciel, et ils s'en rapportèrent à Ouaagou pour savoir lequel des deux termes était le véritable. A l'instant, il étendit une de ses mains vers le ciel, et l'appliqua à un des mots; puis plaçant l'autre main par-dessous, il prononça le second mot, nous faisant comprendre par-là que le premier signifiait proprement le firmament, et le second les nuages qui se trouvent au-dessous. Il nous apprit aussi les noms de plusieurs îles des environs. Il appelait *Irromanga* celle d'où nous partîmes pour venir à Tanna, et sur laquelle le capitaine eut un malheureux différent avec les naturels; *Immer*, l'île basse que nous avions dépassée en venant vers ce havre; *Irronan*, une île haute que nous avions découverte à l'est de Tanna le même jour; et *Anattom*, une troisième au sud, que nous n'avions pas encore vue. Ses manières à table furent très-décentes; la seule chose qui nous parut malpropre, c'est qu'en place de fourchette il se servait d'un petit bâton qu'il portait dans ses cheveux, et avec lequel il se grattait de temps en temps la tête. Comme ses cheveux étaient arrangés, suivant la dernière mode du pays, *à la porc-épic*, et remplis d'huile et de peinture, il nous dégoûta encore davantage; mais il ne croyait pas manquer à la politesse.

» Aussitôt que nous eûmes remis nos hôtes à terre, dit Cook, le jeune homme et quelques-uns de ses amis me prirent par la main, dans le dessein, comme je le présumai, dè me mener à leurs habitations. Nous n'étions pas encore bien loin, que deux ou trois d'entre eux, je ne sais par quelle raison, ne voulurent pas que j'allasse plus loin. En conséquence, tout le monde s'arrêta ; et si je ne me trompai pas, l'un d'eux fut chargé d'aller me chercher quelque chose ; car ils me prièrent de m'asseoir et d'attendre, ce que je crus devoir faire. Dans cet intervalle, mes officiers vinrent nous joindre. Cette réunion parut causer de l'ombrage aux insulaires, et ils me pressèrent de retourner à la grève avec tant d'instance, que je fus obligé d'y consentir. Ils voyaient avec inquiétude nos excursions dans le pays, et même le long du rivage du havre. Sur ces entrefaites, notre ami Paoouang arriva avec un présent de fruits et de racines, que portaient environ vingt personnes ; j'imaginai que c'était dans la vue de le faire paraître plus considérable. L'un portait un régime de bananes, l'autre un igname, un troisième un coco, etc. ; assurément deux hommes auraient porté le tout fort à l'aise. Ce présent me fut fait en retour d'un don qu'il avait reçu dans la matinée ; je crus néanmoins devoir payer les porteurs.

» Ces insulaires me firent entendre d'une manière qui me parut fort claire qu'ils mangent de la chair humaine, et que la circoncision est pratiquée parmi eux. Ils entamèrent les premiers cette matière en me demandant si nous mangions de cette chair ; sans cela, je n'aurais pas songé à leur adresser cette question. J'ai vu des personnes prétendre que la faim seule peut rendre une nation anthropophage, et rapporter ainsi cet usage à la nécessité. Les habitans de cette île forment au moins une exception à ce système, car ils ont des cochons, des poules, des racines et des fruits en abondance. Cependant, comme nous ne les avons pas vus manger de la chair humaine, quelques personnes pourront douter s'ils sont réellement cannibales.

» Durant la nuit, et toute la journée du 11, le volcan devint excessivement incommode : il grondait d'une manière terrible ; il lançait jusqu'aux nues des torrens de feu et de fumée à chaque explosion, dont l'intervalle n'était guère que de trois ou quatre minutes, et en même temps des pierres d'une prodigieuse grosseur : les petites colonnes de vapeurs qui s'élevaient des environs du cratère nous paraissaient être des feux allumés par les insulaires.

» Tous les matins, observe Forster, nous faisions de petites courses dans l'intérieur du pays. Différens détours nous conduisirent un jour à des habitations où des femmes apprêtaient le dîner : elles grillaient des racines d'ignames et d'eddoes sur un feu allumé au pied d'un arbre. Notre approche les fit tressaillir et les mit en fuite ; mais nos conducteurs les tranquillisèrent, et elles continuèrent leur opération. Nous nous assîmes au pied d'un arbre,

devant une des maisons, et nous essayâmes de
causer avec les insulaires, tandis que quelques-
uns d'eux étaient allés nous chercher des rafraîchissemens. Je notai un grand nombre de
mots de leur langue, et nous eûmes le plaisir
de satisfaire leur curiosité relativement à nos
habits, nos armes, etc., sur lesquels ils n'a-
vaient pas encore osé nous adresser une seule
question. Les habitans des plantations voisines,
apprenant notre arrivée, se rassemblèrent en
foule autour de nous, et parurent charmés de
ce que nous conversions amicalement et familièrement avec eux. Je fredonnai par hasard
une chanson; ils me prièrent instamment de
chanter; quoique aucun de nous ne fût habile
musicien, nous satisfîmes leur curiosité, et nous
leur chantâmes différens airs. Les chansons al-
lemandes et anglaises, surtout les plus gaies,
leur plaisaient infiniment; mais les airs suédois
du docteur Sparrman obtinrent des applau-
dissemens universels. Quand nous eûmes fini,
nous les priâmes de vouloir bien aussi nous
donner une occasion d'admirer leurs talens.
L'un d'eux commença à l'instant un air très-
simple, mais harmonieux; nous n'en avions jamais entendu un pareil chez les différentes nations du grand Océan. Il embrassait une plus
grande quantité de notes que ceux de Taïti, ou
même de Tongatabou, et il avait un tour sérieux qui le distinguait avantageusement de la
musique plus douce et plus efféminée de ces
îles. Les mots paraissaient disposés en mètre, et

sortaient de la bouche avec aisance. Dès que le premier insulaire eut fini sa chanson, un autre en entonna une seconde : la composition en était différente, mais toujours dans ce style sérieux qui indique le caractère général du peuple. En effet, on les voyait rarement rire de bon cœur, ou badiner comme les nations plus polies des îles des Amis et de la Société, qui savent déjà mettre un grand prix à ces petites jouissances. Les naturels nous montrèrent aussi en cette occasion un instrument musical composé de huit roseaux, comme le syrinx de Tongatabou, avec cette différence, que la grosseur des roseaux décroissait en proportion régulière, et qu'il comprenait une octave, quoique les roseaux ne fussent pas parfaitement d'accord. Peut-être qu'ils auraient joué devant nous de cet instrument, si l'arrivée de quelques-uns de leurs compatriotes qui venaient nous offrir des cocos, des ignames, des cannes à sucre et des figues, ne nous avait obligés de négliger les musiciens pour nous occuper de ceux qui nous apportaient un pareil présent. Je regrette beaucoup que l'ingénieux ami qui a eu la bonté de me communiquer ses remarques sur la musique des îles des Amis, de Taïti et de la Nouvelle-Zélande, n'ait pas également visité l'île de Tanna.

» Si l'esprit de vengeance est très-vif parmi les insulaires de Tanna, il faut convenir en même temps que la bienveillance et l'amour des hommes ne sont pas entièrement bannis de

leur cœur. Comme la guerre trouble probablement leur vie, on ne doit pas être surpris
de la défiance qu'ils témoignèrent tous à notre
égard les premiers jours de notre arrivée;
mais dès qu'ils furent convaincus de nos intentions pacifiques, ils se livrèrent à leur véritable caractère. Ils ne firent pas beaucoup d'é-
changes, parce qu'ils ne jouissent pas d'une
opulence égale à celle des Taïtiens; mais l'hospitalité ne consiste point à donner une chose
dont on a trop pour une autre dont on n'a
pas assez.

» Arrivés sur la grève, nous y passâmes
quelque temps au milieu des naturels qui y
étaient rassemblés. Il y avait plus de femmes
que nous n'en avions encore vu. La plupart
étaient mariées, et portaient leurs enfans dans
un sac de nattes sur leur dos. Quelques-
unes avaient dans des paniers de baguettes
pliantes une couvée de petits poulets; elles
nous présentèrent des yambous et des figues.
Nous en aperçûmes une qui avait un panier
rempli d'oranges vertes : nous n'avions jamais
remarqué un seul oranger dans les plantations;
nous fûmes charmés de trouver ce fruit à Mallicolo et à Tanna, parce qu'il y a lieu de supposer que c'est aussi une production des îles
voisines. Une autre femme nous donna un pâté
ou pudding, dont la croûte était de bananes et
d'eddoes, et qui contenait en dedans des feuilles de l'okra (*hibiscus esculentus*), mêlées avec
des amandes de coco. Ce pudding, d'un ex-

cellent goût, montrait que ces femmes ont des connaissances sur la cuisine. Nous achetâmes aussi des flûtes de huit roseaux, des arcs, des traits et des massues.

» L'après-dîner, nous allâmes sur la colline plate faire une autre visite aux naturels. Quelques-uns vinrent à notre rencontre à moitié chemin, et nous conduisirent à leurs huttes. Dès que nous fûmes assis avec le père d'une de ces familles, homme d'un moyen âge et d'une physionomie intéressante, nos amis nous prièrent de nouveau de chanter. Nous y consentîmes volontiers, et lorsqu'ils parurent s'étonner de la différence de nos chansons, nous tâchâmes de leur faire comprendre que nous étions de différens pays. Alors, nous indiquant un vieillard dans la foule de nos auditeurs, ils nous dirent qu'il était natif d'Irromanga, et ils l'engagèrent à nous amuser par ses chants. L'Indien s'avança à l'instant au milieu de l'assemblée, et commença une chanson, pendant laquelle il fit différens gestes qui nous divertirent, ainsi que tous les spectateurs. Son chant ne ressemblait point du tout à celui des insulaires de Tanna ; il n'était ni désagréable, ni discordant avec la musique. Il paraissait aussi avoir un certain mètre, mais très-différent du mètre lent et sérieux que nous avions entendu le matin. Après qu'il eut cessé de chanter, il nous parut que les naturels de Tanna lui parlaient dans sa langue, et qu'il ne connaissait pas la leur. Nous ne pouvons pas dire s'il était

venu de son gré dans cette île, ou s'il avait été
fait prisonnier. Les Indiens nous apprirent à
cette occasion que leurs meilleures massues,
faites de bois de casuarina, se tirent d'Irromanga ; de sorte qu'ils ont probablement des
liaisons de commerce ou d'amitié avec les habitans de cette île. En comparant les traits de sa
physionomie avec ceux des Indiens de Tanna,
nous n'observâmes aucune différence remarquable ; il s'habillait et il s'ornait comme eux,
ses cheveux étaient laineux et courts, mais
non pas divisés en petites queues. Il était d'un
caractère très-gai, et il paraissait plus disposé
à rire qu'aucun des habitans de Tanna.

» Tandis que l'insulaire d'Irromanga chantait, les femmes sortirent de leurs huttes, et
vinrent former un petit groupe autour de nous.
En général, elles étaient d'une stature beaucoup moindre que celle des hommes ; elles
portaient de vieux jupons d'herbes et de feuilles plus ou moins longs, suivant leur âge. Celles
qui avaient des enfans, et qui semblaient âgées
d'environ trente ans ne conservaient aucune
des grâces de leur sexe, et leurs jupons tou-
chaient à la cheville du pied. De jeunes filles
d'environ quatorze ans avaient des traits fort
agréables, et un sourire qui devint plus touchant à mesure que leur frayeur se dissipa.
Elles avaient les formes sveltes, les bras d'une
délicatesse particulière, le sein rond et plein ;
elles n'étaient vêtues que jusqu'au genou. Leurs
cheveux bouclés flottaient sur leur tête, ou

étaient retenus par une tresse, et la feuille de bananier verte, qu'elles y portaient ordinairement, montrait avec plus d'avantage leur couleur noire. Elles avaient des anneaux d'écaille de tortue à leurs oreilles : nous remarquâmes que la quantité de leurs ornemens s'accroît avec l'âge : les plus vieilles et les plus laides étaient chargées de colliers, de pendans aux oreilles et au nez, et de bracelets. Il me parut que les femmes obéissaient au moindre signe des hommes, qui n'avaient pour elles aucun égard. Elles traînaient tous les fardeaux, et peut-être que ce genre de travail et de fatigue contribue à diminuer leur stature, car les charges ne sont pas toujours proportionnées à leur force.

» Les insulaires de Tanna présentèrent à nos yeux un exemple d'affection qui prouve que les passions et les bonnes qualités des hommes sont les mêmes dans chaque pays. Une petite fille d'environ huit ans, d'une physionomie intéressante, nous examinait furtivement entre les têtes des Indiens assis à terre. Dès qu'elle s'aperçut qu'on la regardait, elle alla en hâte se cacher dans la hutte. Je lui fis signe de revenir, et pour l'y engager, je lui montrai une pièce d'étoffe de Taïti ; mais je ne pus pas la déterminer à se rapprocher. Son père se leva, et à force de caresses il la ramena. Je pris la main de l'enfant, et je lui donnai l'étoffe avec de petits ornemens : la joie et le contentement se peignirent aussitôt sur le visage du père.

» Nous restâmes parmi ces insulaires jusqu'au coucher du soleil ; ils chantèrent et firent des tours d'adresse pour nous plaire. A notre prière, ils décochèrent leurs traits en l'air et contre un but ; ils ne les lancent pas à une hauteur extraordinaire, mais ils tirent avec beaucoup d'adresse à peu de distance, comme on l'a déjà observé. A l'aide de leurs massues, ils paraient les dards de leurs antagonistes à peu près comme les Taïtiens. Ils nous dirent que toutes les massues qui ont un tranchant latéral comme une flamme se tirent de l'Ile-Basse, qu'ils appellent *Immer;* mais nous n'avons pas découvert si elles y sont fabriquées par les naturels, ou si l'île est déserte, et s'ils y vont seulement par occasion pour y ramasser des coquillages et couper du bois.

» Avant notre départ des huttes, les femmes allumèrent différens feux dans l'intérieur et en dehors ; elles se mirent à apprêter leurs soupers. Les Indiens s'empressaient autour de ces feux ; il semblait que l'air du soir était un peu trop froid pour leurs corps nus. Plusieurs avaient à la paupière supérieure une tumeur que nous attribuâmes à la fumée dans laquelle ils sont toujours assis ; cette tumeur gênait tellement leur vue, qu'ils étaient obligés de pencher la tête en arrière, jusqu'à ce que l'œil fût dans une ligne horizontale avec l'objet qu'ils désiraient regarder : plusieurs petits garçons de cinq ou six ans avaient cette tumeur ; ce qui nous fit penser qu'elle se propage peut-être d'une génération à l'autre.

» Quand nous arrivâmes au rivage, il ne s'y trouvait plus de naturels. La fraîcheur de la soirée fut délicieuse pour nous qui portions des vêtemens, et nous errâmes dans les bois solitaires jusqu'à la fin du crépuscule. Un nombre prodigieux de petites chauves-souris sortaient de chaque buisson, et voltigeaient autour de nous : nous essayâmes en vain d'en tuer; nous ne les apercevions que lorsque nous en étions très-près, et alors nous les perdions tout de suite de vue.

» Le 14 avril, nous partîmes plusieurs avec le capitaine Cook, pour aller reconnaître le volcan d'aussi près qu'il nous serait possible; mais la grande distance et les alarmes des insulaires ne nous permirent point d'atteindre jusqu'à la montagne où il se trouve. Nous fimes quelques expériences sur la chaleur des terres du voisinage; le thermomètre fut enseveli entièrement dans la craie blanche d'où sortait la vapeur : après qu'il y eut resté une minute, il s'éleva à 210°, ce qui est à peu près la chaleur de l'eau bouillante; il fut à ce point tant que nous le tînmes dans le trou, c'est-à-dire l'espace de cinq minutes. Dès qu'on l'en sortit, il retomba sur-le-champ à 95°, et peu à peu à 80°, point où il était avant l'immersion. La hauteur perpendiculaire de la première solfatarre, au-dessus du niveau de la mer, est d'environ deux cent cinquante pieds.

» Nous découvrîmes ailleurs une source d'eau chaude : on y plongea la boule du thermomètre, et le mercure s'éleva à 191° dans l'espace de cinq minutes. Nous ôtâmes ensuite le sable et les pierres à travers lesquelles l'eau coulait doucement dans la mer ; nous y replaçâmes l'instrument, de manière qu'il enfonçait au-dessus de la boule ; alors il monta derechef à 191°, et il y resta pendant plus de dix minutes. Nous jetâmes dans la source quelques coquillages ; ils furent cuits en deux ou trois minutes : une pièce d'argent, qui y avait resté plus d'une demi-heure, en sortit brillante et sans être ternie : le sel de tartre ne produisit sur l'eau aucun effet visible ; mais comme elle était un peu astringente au goût, nous en remplîmes une bouteille, et nous la fermâmes avec soin pour en faire des expériences plus exactes à mon retour. Nous vîmes beaucoup de petits poissons, seulement de deux pouces de long, qui sautillaient autour des rochers comme des lézards, auxquels ils ressemblaient : leurs nageoires pectorales faisaient l'office des pieds ; leurs yeux étaient placés près du sommet de la tête, comme pour les mettre en garde contre leurs ennemis quand ils sont hors de l'eau. Ces petits animaux amphibies étaient si agiles, que nous avions peine à les attraper ; ils faisaient aisément des sauts de trois pieds de long : ils appartiennent au genre des *blennies*. Le capitaine Cook, dans son premier voyage, remarqua la même espèce, ou une espèce semblable de poisson sur la côte de la Nouvelle-Hollande. Nous les vîmes une fois acharnés à détruire une couvée de petits grillons, qui semblaient être tombés d'une crevasse de rocher.

» Le capitaine Cook vint de nouveau, le lendemain 18, examiner avec nous les sources chaudes à la marée basse, parce que les expériences de la veille avaient été faites durant le flot qui s'était approché à deux ou trois pieds de celle où l'on plongea le thermomètre, ce qui pouvait avoir contribué à refroidir l'eau : alors nous y plongeâmes le thermomètre, qui, en plein air, se tenait à 78° ; le vif argent ne s'éleva plus qu'à 187, après avoir été une minute et demie dans l'eau chaude : nous en conclûmes que d'autres causes influaient sur la chaleur relative de ces sources. Cette opinion se confirma de plus en plus en examinant une nouvelle source qui jaillissait sur la grande grève au sud. Là, au pied d'un rocher perpendiculaire formant une partie de la montagne à l'ouest, sur laquelle sont situées les solfatarres, l'eau chaude sort en bouillonnant à travers un sable noir, et court dans la mer. Dès que le thermomètre eut resté une minute dans cette source, il s'éleva à 202° et demi (ce qui est presque le degré de l'eau bouillante), et il se tint plusieurs minutes à ce point. Il paraît que le volcan échauffe ces sources, et qu'elles roulent leurs ondes sous terre jusqu'à ce qu'elles trouvent une issue. Selon toute apparence, le feu de cette montagne n'est pas toujours égalementment violent, et il diminue peu à peu dans les intervalles entre les éruptions : les différentes parties peuvent avoir aussi différens degrés de chaleur, et les sources diverses, en traversant un espace plus long ou plus court, doivent perdre plus ou moins de leur chaleur primitive. Les solfatarres qui sont sur la colline, directement au-dessus de ces sources, ont, suivant moi, des communications avec elles, et la vapeur qui en sort à travers les crevasses souterraines est peut-être une portion de la même eau qui monte avant que la fraîcheur du terrain sur lequel elle est portée puisse la condenser en un fluide.

» Comme nous n'attendions plus qu'un vent favorable pour partir, nous cherchâmes à bien employer le reste du temps. Un détachement nombreux descendit à terre; mais chacun se sépara et alla de son côté. Je rencontrai beaucoup d'Indiens qui se rendaient au rivage; ils sortirent tous du sentier pour me faire place, quoique je fusse sans compagnon, et aucun d'eux n'entreprit de m'offenser. Je fis seul plusieurs milles vers un canton que nous n'avions pas encore examiné. Des bocages très-épais cachaient le chemin que je suivis, et je n'apercevais que par intervalles les plantations qui couvraient la croupe de la colline. Je vis les naturels couper ou émonder des arbres, ou creuser la terre avec une branche qui leur tenait lieu de bêche, ou planter des ignames, etc. J'entendis aussi un homme qui, en travaillant, chantait à peu près sur le même ton que les chanteurs dont on a parlé plus haut. La perspective dont je jouissais approchait de celle de Taïti; elle avait même un avantage, c'est que tout le pays, à une distance considérable autour de moi, présentait de petits monticules et des vallées spacieuses, toutes susceptibles de culture; au lieu qu'à Taïti, des montagnes escarpées et sauvages s'élèvent tout à coup du milieu de la plaine, qui n'a nulle part deux milles de largeur. La plupart des plantations de Tanna sont en ignames, bananiers, eddoes et cannes à sucre. Toutes ces plantes, étant fort basses, permettent à l'œil d'embrasser une grande étendue de terrain. Des arbres touffus occupent çà et là des espaces solitaires, et produisent des scènes très-pittoresques. Le sommet de la colline plate, qui borde une partie de l'horizon, paraît festonné de petits bosquets où les palmiers élèvent leurs têtes par-dessus les autres arbres.

» Ceux qui savent jouir des beautés de la nature concevront le plaisir qu'on goûte à la vue de chaque petit objet minutieux en lui-même, mais important au moment où le cœur s'épanouit et qu'une espèce d'extase transporte les sens. On contemple alors avec ravissement la face sombre des terres préparées pour la culture, la verdure uniforme des prairies, les teintes différentes et la variété infinie des feuillages. Un pareil spectacle dans toute sa perfection était ici étalé à mes regards : quelques arbres réfléchissaient mille rayons ondoyans, tandis que d'autres formaient de grandes masses d'ombrages en contraste avec les flots de lumière qui couvraient tout le reste ; les nombreux tourbillons de fumée qui jaillissaient de chaque bocage offraient l'idée de la vie domestique : mes pensées se portèrent naturellement sur le bonheur de ce peuple, en considérant ces vastes champs de bananiers qui m'environnaient de toutes parts, et qui, par leurs fruits, me paraissaient avoir été choisis avec raison pour les emblèmes de la richesse et de la paix. Le paysage, à l'ouest, n'était pas moins admirable que celui dont je viens de parler : la plaine y était entourée d'un grand nombre de collines fertiles, revêtues de bois entremêlés de plantations ; et par-derrière s'élevait une chaîne de hautes montagnes qui ne sont pas inférieures à celles des îles de la Société, quoiqu'elles semblent être d'une pente plus aisée. J'examinai cette scène champêtre du milieu d'un groupe d'arbres que les liserons et d'autres plantes grimpantes enlaçaient de leurs fleurs odorantes. La richesse du sol est prodigieuse ; car des palmiers déracinés par les vents et couchés à terre avaient poussé de nouveaux branchages. Du milieu du feuillage, différens oiseaux, ornés des plus belles couleurs, m'égayaient par leurs chants ; la sérénité de l'air et la fraîcheur de la brise contribuaient d'ailleurs à l'agrément de ma situation. Mon esprit, entraîné par cette suite d'idées douces, se livrait à des illusions qui augmentaient mon plaisir en me représentant le genre humain sous un point de vue favorable. Nous venions de passer une quinzaine de jours au milieu d'un peuple qui nous avait accueilli avec beaucoup de défiance, et qui s'était préparé à repousser courageusement toute espèce d'hostilité : l'honnêteté de notre conduite, notre modération, avaient dissipé leur frayeur inquiète. Ces insulaires, qui, suivant toute apparence, n'avaient jamais connu d'hommes aussi bons, aussi paisibles, et pourtant aussi redoutables que nous; qui étaient accoutumés à voir dans chaque étranger un ennemi lâche et perfide, conçurent alors des sentimens plus nobles de notre espèce : ils partagèrent avec nous des productions qu'ils ne craignaient plus qu'on leur enlevât par force; ils nous permirent de visiter leurs charmantes retraites, et nous fûmes témoins de leur félicité domestique : bientôt ils commencèrent à aimer notre conversation, et ils conçurent de l'amitié pour nous. Je tombai ensuite dans des rêveries sur la prééminence des sociétés civilisées : un bruit qui frappa mes oreilles dans le lointain m'en fit sortir. Je me retournai, et j'aperçus le docteur Sparrman; je lui montrai le spectacle qui me causait tant de joie, et je lui communiquai mes idées. Nous partîmes ensuite pour nous rendre à bord, parce que l'heure de midi approchait. Le premier naturel que nous rencontrâmes s'enfuit et se cacha dans un buisson : nous surprîmes en-

Ils dirent avec des regards touchants:
il est tué.

suite, à l'entrée d'une plantation, une femme qui n'avait pas eu le temps de s'échapper; elle nous offrit d'une main tremblante, et avec une extrême frayeur, un panier rempli d'yambous : l'effet de ces deux rencontres nous étonna. D'autres naturels qui se tenaient derrière les buissons remuaient leurs mains vers la grève, et nous firent signe de nous y rendre. Enfin, en sortant du bois, nous vîmes deux Indiens assis sur l'herbe, et tenant un de leurs compatriotes mort entre leurs bras; ils nous montrèrent une blessure qu'il avait au côté, et ils dirent avec des regards touchans : *Il est tué* (1).

» On nous raconta au camp les détails de ce meurtre, et nous ne pûmes nous empêcher d'en gémir. Un insulaire avait voulu s'avancer au delà des limites que gardait la sentinelle; probablement il n'était jamais venu sur cette grève, et ne connaissait point les défenses que nous nous étions permis de faire : le soldat de marine le repoussa durement parmi le reste de ses compatriotes, qui étaient déjà accoutumés à ce traitement injurieux, et qui s'y soumettaient : le nouveau venu refusa d'être dominé dans son propre pays par un étranger, et il se prépara à passer une seconde fois ces fatales bornes, uniquement peut-être pour montrer qu'il était le maître de marcher où il lui plaisait. La sentinelle l'ayant repoussé, il tendit son arc; le soldat aussitôt lâcha son fusil, et tua un In-

______

(1) Ils exprimèrent cela d'une manière encore plus frappante par un mot de leur langue, *markom.*

dien qui se trouvait à côté du prétendu coupable.

» Nous fûmes étonnés, le docteur Sparrman et moi, de la modération des insulaires, qui nous avaient laissé passer sans nous attaquer, lorsqu'ils pouvaient aisément venger sur nous l'assassinat d'un de leurs compatriotes. Nous nous rendîmes à bord avec le capitaine Cook, fort en peine de mon père, qui était toujours dans les bois, suivi d'un seul matelot : nous eûmes cependant le plaisir de le voir un quart d'heure après sain et sauf au milieu des soldats de marine qu'on avait laissés à terre pour garder nos futailles. Une chaloupe alla tout de suite le chercher : il avait été aussi bien traité des naturels que nous.

» Ainsi une action détestable détruisit toutes les chimères de mon imagination. Les naturels, au lieu d'avoir meilleure opinion de nous que des autres étrangers, avaient droit de nous abhorrer davantage, puisque nous venions les exterminer sous le masque spécieux de l'amitié : quelques personnes de l'équipage regrettaient qu'au lieu d'expier ici les différens actes de violence que nous avions commis sur la plupart des îles durant le voyage, nous nous y fussions au contraire rendus coupables de la plus grande cruauté. Le capitaine Cook avait résolu de punir très-rigoureusement le soldat de marine pour avoir transgressé ses ordres positifs; mais l'officier qui commandait à terre déclara que, sans avoir donné des ordres particuliers à la sentinelle, il lui en avait donné d'autres suivant lesquels la moindre menace de la part des naturels devait être punie de mort sur-le-champ. Le soldat sortit donc des fers, et le droit que s'appropriait l'officier sur la vie des insulaires passa pour incontestable.

» Les productions de l'île sont le fruit à pain, les bananes, les cocos, un fruit ressemblant à la pêche qu'on nomme pavie, l'igname, la patate, la figue sauvage, un fruit pareil à l'orange, qui n'est pas mangeable, et quelques autres dont je ne sais pas le nom. Je ne puis douter que la noix muscade n'y croisse, car M. Forster en trouva une dans le gésier d'un pigeon qu'il venait de tuer. Les fruits à pain, les cocos et les bananes n'y sont pas si abondans ni si bons qu'à Taïti; mais les cannes à sucre et les ignames s'y trouvent en plus grande quantité, plus gros et meilleurs. Un de ces ignames pesait cinquante-six livres. Les cochons ne parurent point rares; nous ne vîmes pas beaucoup de poules; ce sont les seuls animaux domestiques qu'aient les habitans. Les oiseaux de terre n'y sont pas à beaucoup près si nombreux qu'aux îles de la Société; mais on y trouve de petits oiseaux du plus joli plumage, et dont l'espèce nous était inconnue. Les arbres et les plantes qui croissent sur cette terre sont aussi variés dans leurs espèces que dans aucune des îles où nos botanistes ont eu le temps d'herboriser.

» Parmi les plantes dont sont remplis les bois, un grand nombre étaient nouvelles pour nous, et d'autres croissent aux îles des Indes orientales. Les terres cultivées en contiennent en outre quarante espèces inconnues aux îles de la Société et des Amis.

» Je crois que ces insulaires vivent principalement du produit de la terre, et que la mer contribue peu à leur subsistance. Cela vient-il de ce que leur côte n'est pas poissonneuse, ou de la maladresse de leurs pêcheurs ? Je n'ai vu dans l'île aucune espèce de filet, ni aucun habitant pêcher ailleurs que sur les récifs ou le long du rivage du port, où ils épiaient le poisson qui passait à leur portée pour le darder ; ils montrent de la dextérité à cet exercice. Ils admiraient notre manière de prendre le poisson avec la seine.

» Les coquillages sont rares sur la côte. Les habitans vont en chercher sur les autres îles ; ils mettent quelque prix aux grandes nacres de perle.

» Dans les commencémens nous pensions que les naturels de cette île, ainsi que ceux d'Irromanga, étaient une race intermédiaire entre celle des îles des Amis et celle de Mallicolo ; mais, en les observant plus particulièrement, nous fûmes convaincus qu'ils n'ont presque aucune affinité ni avec les uns ni avec les autres, à l'exception de leurs cheveux, qui diffèrent peu de ceux des insulaires de Mallicolo. Ces cheveux, noirs chez les uns, et bruns chez les autres, sont crépus et frisés. Nous en avons remarqué quelques-uns jaunâtres à la pointe.

Ils les séparent en petites mèches, autour desquelles ils roulent l'écorce mince d'une plante, jusqu'à un pouce de l'extrémité; et à mesure que les cheveux croissent, ils continuent de rouler l'écorce autour; ce qui fait l'effet d'un paquet de cordelettes qui leur pendent de la tête.

» Ils portent leur barbe courte : elle est forte et épaisse. Les femmes ont généralement des cheveux courts, ainsi que les jeunes gens jusqu'à l'âge de virilité. Nous avons vu des hommes et des femmes qui avaient des cheveux comme les nôtres; mais on s'apercevait aisément qu'ils étaient d'une autre race; et je crois qu'on nous fit entendre qu'ils venaient d'Erronam. C'est à cette île qu'appartient une des deux langues qu'ils parlent, et qui est presque la même que celle des habitans des îles des Amis. Il est très-probable que c'est de ces îles qu'Erronam a tiré ses habitans, et que, par une longue communication avec Tanna et les autres terres voisines, chaque île a appris la langue de l'autre.

» Celle que parlent les habitans de Tanna, ceux d'Irromanga et d'Anatom, leur est particulière. Elle diffère de celle de toutes les autres îles, et n'a aucune affinité avec celle de Mallicolo; de sorte qu'il paraît que la population de ces trois îles forme une nation absolument distincte. Mallicolo, Épi, etc., sont des noms qui leur étaient inconnus; ils n'avaient même jamais entendu parler de l'île Sandwich, qui est bien moins éloignée. Je me donnai assez de peine pour savoir jusqu'où s'étendaient leurs connaissances géographiques, et je trouvai qu'elles ne passaient pas les bornes de leur horizon.

» Ces insulaires sont d'une médiocre stature et minces de taille; on en voit beaucoup de petits, peu de gros ou de robustes, et ils sont bien de figure; mais on remarque rarement à Tanna ces beaux traits si communs parmi les insulaires des îles de la Société, des Amis et des Marquésas. Je n'ai pas trouvé un seul homme gras; ils sont tous pleins de vivacité et de feu; ils ont le nez large, les yeux pleins et doux. La physionomie de la plupart est ouverte, mâle et prévenante. Ils sont, comme les peuples des tropiques, agiles et dispos; ils excellent à manier leurs armes, et montrent de l'aversion pour le travail; jamais ils ne voulurent nous aider en quelque ouvrage que ce fût, tandis que les habitans des autres îles s'en faisaient un plaisir : leur penchant pour l'oisiveté se manifeste surtout par la manière indigne dont ils traitent les femmes, qui ne sont proprement que des bêtes de somme. J'en ai vu marcher une ayant un gros paquet et un enfant sur le dos, et un autre paquet sous le bras, tandis qu'un jeune homme, qui allait devant elle, ne tenait à la main qu'une massue ou une lance. Nous avons fréquemment observé le long de la plage, sous l'escorte d'un certain nombre d'hommes armés, de petits troupeaux de femmes chargées de fruits et de racines;

mais rien n'est plus rare que de rencontrer des hommes portant des fardeaux.

» Je ne dirai pas que les femmes y sont belles; mais je pense qu'elles sont assez jolies pour les habitans, et qu'elles le sont trop pour l'usage qu'ils en font; elles ne portent qu'une corde autour des reins, et quelques brins de paille qui y sont attachés devant et derrière. Les deux sexes sont d'une couleur très-bronzée, mais non pas noire; ils n'ont même aucun trait des nègres; ils paraissent plus bruns qu'ils ne le sont naturellement, parce qu'ils se peignent le visage avec un fard; ils usent aussi d'un fard rouge, et d'une troisième sorte brunâtre, ou d'une couleur entre le rouge et le noir. Ils se mettent de larges couches de tous ces fards, non-seulement sur le visage, mais encore sur le cou, les épaules et la poitrine. Pour appliquer ces peintures, ils se servent d'huile de coco; ils se font des barres obliques de deux ou trois pouces de large; ils emploient rarement la couleur blanche; mais ils couvrent quelquefois une moitié du visage de rouge, et l'autre moitié de noir.

» Les hommes n'ont d'autre vêtement qu'une ceinture et un pagne, qu'ils placent d'une manière aussi indécente que les habitans de Mallicolo. Les femmes s'enveloppent aussi d'une pièce d'étoffe qui les couvre de la ceinture aux genoux, en forme de jupe, et cette étoffe est de fibres de bananiers. Les enfans prennent ces feuilles à l'âge de six ans.

» Une espèce de pierre argileuse, mêlée avec des morceaux de craie, forme la plupart des rochers que nous examinâmes. Elle est communément d'une couleur brune ou jaunâtre, et se trouve en couches presque horizontales d'environ six pouces d'épaisseur. En plusieurs endroits, nous observâmes une pierre noire, tendre, composée des cendres et des schörls vomis par le volcan, mêlée d'argile ou d'une sorte de tripoli. Cette substance est placée quelquefois en couches alternatives avec la pierre noire. Le même sable volcanique, mêlé au terreau végétal, forme le sol le meilleur de l'île, où, comme je l'ai déjà dit, tous les végétaux croissent en abondance. Le volcan qui brûle sur l'île modifie sans doute beaucoup ces productions minérales, et nous aurions peut-être fait des observations nouvelles dans cette partie, si les naturels ne nous avaient pas empêchés constamment de l'examiner. Nous avons trouvé le soufre natif dans la terre blanche qui couvre les solfatarres d'où s'élèvent les vapeurs aqueuses : cette terre est très-alumineuse, et peut-être imprégnée de particules de sel. Nous avons aussi remarqué près de ces endroits un bolus rouge et une pierre blanche séléniteuse, dont les naturels ornent les cartilages de leurs narines. Nous y avons vu des échantillons de grosses laves ; mais comme nous n'avons jamais approché du volcan, nous n'en avons pas trouvé en grande quantité.

» Le 21 août au soir nous fîmes route à

l'est , et après avoir reconnu qu'au-delà de l'île d'Erronam ou Toutana, il n'y avait plus de terre, nous retournâmes au sud, et nous ne vîmes rien non plus dans cette direction. La côte méridionale de Tanna nous parut très-escarpée, mais sans brisans. Nous tournâmes alors au nord-est, et nous vîmes les hautes terres d'Irromanga, puis Sandwich, et Mallicolo, dont nous aperçûmes ainsi les côtes opposées à celles que nous avions prolongées en allant au sud.

» Nous passâmes ensuite par le détroit entre Mallicolo et la Tierra del Spiritu Santo de Quiros, et je fis reconnaître la baie à laquelle ce grand navigateur a donné le nom de *Saint-Jacques et Saint-Philippe*. Nous aperçûmes dans des pirogues les insulaires, qui ressemblaient assez à ceux que nous avions vus dans cet archipel.

» Telles furent nos découvertes dans ce point du globe que nous avons désigné sous le nom de *Nouvelles-Hébrides*. Ce groupe d'îles, que nous avons examiné rapidement en quarante-six jours, semble mériter l'attention des navigateurs à venir, surtout de ceux qu'on enverra faire des découvertes dans les différentes parties des sciences : on ne prétend pas dire qu'ils y trouveront l'argent et les perles dont Quiros était obligé de parler, pour engager une cour intéressée et avare à favoriser ses grandes et nobles entreprises. Ces petits mensonges ne sont pas nécessaires depuis que plusieurs monarques de l'Europe ont appris au genre humain qu'ils peuvent ordonner des expéditions uniquement afin de hâter les progrès des connaissances humaines. Ils ont reconnu que les sommes prodiguées par leurs prédécesseurs à de vils courtisans suffisaient pour produire une révolution nouvelle et importante dans l'état des sciences, qui, avec peu de dépenses, peuvent triompher des obstacles sans nombre que leur opposent l'ignorance, l'envie et la superstition. Les productions naturelles des Nouvelles-Hébrides, sans parler des richesses artificielles, sont dignes seules de l'attention des voyageurs.

» Au lever du soleil, le 1er. septembre 1774, après avoir couru la nuit au sud-ouest, nous perdîmes toute terre de vue. Le vent continuant de régner dans la partie du sud-est, nous poursuivîmes notre route au sud-ouest.

» On aperçut, le 4, une terre que Cook nomma *le cap Colnett*, nom du volontaire qui la découvrit le premier. Ensuite on vit plus distinctement une longue côte et un canal dans lequel on crut pouvoir entrer afin d'accoster la terre. Je voulais y attérir, dit Cook, non-seulement pour la reconnaître, mais plus encore pour avoir occasion d'y observer une éclipse de soleil qui devait bientôt arriver. Dans ce dessein, je fis mettre le vaisseau en travers, et je chargeai deux canots armés d'aller sonder le canal; sur ces entrefaites, dix à douze grandes pirogues à la voile n'étaient qu'à une petite distance de nous. Toute la matinée nous les avions vues partir de différens endroits du rivage : quelques-unes s'étaient arrêtées près des récifs, où nous supposâmes qu'elles s'occupaient à la pêche. Aussitôt qu'elles furent rassemblées, elles s'avancèrent toutes à la fois sur le vaisseau, et elles en étaient assez près quand nous mîmes dehors nos canots, qui probablement les alarmèrent; car, sans arrêter, elles allèrent vers un récif, et nos bateaux les suivirent. Nous reconnûmes alors que ce que nous avions pris pour des ouvertures dans la côte n'était qu'une terre basse sans interruption. On peut en excepter l'extrémité occidentale, qui formait une île connue sous le nom de *Balabéa*, ainsi que nous l'apprîmes ensuite.

» Les canots nous ayant fait le signal pour le passage, et l'un d'eux s'étant placé près de la pointe et au vent du récif, nous entrâmes dans le canal; sur notre route, nous prîmes à bord l'autre canot. L'officier qui le commandait m'informa que la mer où nous devions passer avait seize et quatorze brasses d'eau, fond de sable fin, et qu'il avait abordé deux pirogues, dont les Indiens s'étaient montrés obligeans et civils; ils lui offrirent quelques poissons, et en échange il leur présenta des médailles, etc. Dans une des pirogues était un jeune homme fort et robuste, que nous prîmes pour un chef; ses camarades lui donnaient tout ce qu'ils recevaient.

» A peine eut-on mouillé l'ancre, que nous fûmes environnés d'une foule d'Indiens qui nous avaient suivis dans seize ou dix-huit pirogues, et dont la plupart étaient sans armes. Ils n'osèrent pas d'abord accoster le vaisseau ; mais bientôt nous leur inspirâmes la confiance de s'approcher assez pour recevoir des présens. Nous les leur descendions au bout d'une corde, à laquelle ils attachaient en échange des poissons tellement gâtés, que l'odeur en était insupportable ; ce qui était déjà arrivé dans la matinée. Ces échanges formant entre nous une sorte de liaison, deux Indiens hasardèrent de monter à bord, et bientôt les autres remplirent le vaisseau. Quelques-uns s'assirent à table avec nous. La soupe aux pois, le bœuf et le porc salés étaient des mets qu'ils n'eurent pas la curiosité de goûter ; mais ils mangèrent des ignames que nous avions encore, et qu'ils nommèrent *oubi*. Ce nom diffère peu d'*oufi*, ainsi qu'on les appelle dans la plupart des îles, à l'exception de Mallicolo. Comme toutes les nations que nous avions récemment visitées, ces Indiens sont presque nus ; à peine se couvrent-ils les parties naturelles d'une espèce de pagne, telle qu'on en porte à Mallicolo. Ils furent curieux d'examiner tous les coins du vaisseau, qui leur causait une extrême surprise. Les chèvres, les cochons, les chiens et les chats leur étaient si inconnus, qu'ils n'avaient pas même de termes pour les nommer. Ils paraissaient faire un grand cas des clous et des pièces d'étoffe, parmi lesquelles les rouges étaient les plus estimées.

» Après le dîner nous allâmes à terre avec deux canots armés. Un de ces insulaires, qui s'était attaché à moi de son propre mouvement, nous accompagnait. Nous débarquâmes sur une plage sablonneuse en présence d'un grand nombre d'habitans qui s'étaient rassemblés pour nous voir; aussi nous reçurent-ils avec des démonstrations de joie et cette surprise naturelle à un peuple qui voit des hommes et des objets dont il n'a pas encore d'idée. Je fis des dons aux insulaires que me présenta mon nouvel ami, et qui étaient ou des vieillards, ou des gens de considération; mais il ne marqua aucun égard pour quelques femmes placées derrière la foule, et il me retint la main lorsque je voulus leur donner des grains de verroterie et des médailles. Nous retrouvâmes ici le même chef qu'on avait vu le matin dans une des pirogues. Il se nommait *Téabouma*, comme nous l'apprîmes alors; nous ne fûmes pas à terre dix minutes, qu'il fit faire silence. Tout le peuple lui ayant donné cette marque d'obéissance, il prononça un petit discours. A peine eut-il fini qu'un autre chef imposa silence à son tour, et parla. Ces harangues étaient composées de phrases courtes, à chacune desquelles deux ou trois vieillards répondaient par des branlemens de tête et une espèce de murmure, sans doute en signe d'applaudissement; peut-être aussi qu'il proposait des questions auxquelles on lui répondait. Il nous était impossible de deviner le sens de ces harangues, qui, nous étant adressées, ne contenaient vraisemblablement rien que de favorable pour nous. Tout le temps que ces chefs parlèrent j'observai le peuple, et je ne vis rien qui dût nous inspirer de la défiance.

» Nous nous mêlâmes ensuite dans la foule pour les mieux examiner ; plusieurs qui paraissaient affectés d'une espèce de lèpre, avaient les jambes et les bras prodigieusement gros : ils étaient absolument nus, si on en excepte un cordon qu'ils portaient autour de leur ceinture et un second autour de leur cou. Le petit morceau d'étoffe d'écorce de figuier qu'ils replient quelquefois autour de la ceinture, ou qu'ils laissent flotter, mérite à peine le nom d'une couverture ; il ne sert pas plus de voile que celui des Mallicolais ; et, aux yeux des Européens, il était plutôt malhonnète que décent. Chaque habitant de cette île, ainsi que les naturels de Tanna et de Mallicolo, était une figure ambulante du dieu Priape. Les idées de modestie sont différentes dans chaque pays, et changent aux différentes époques de la civilisation. Lorsque tous les hommes vont nus comme à la Nouvelle-Hollande, où par pudeur on ne porte pas le moindre vêtement, on se regarde avec autant de simplicité que si on était vêtu. Les habits à la mode et les armures des quinzième et seizième siècles, dans toutes les cours d'Europe, passeraient à présent pour fort indécens. Qui osera dire qu'il y avait alors moins de modestie qu'aujourd'hui ?

» Cette même pièce d'étoffe que les habitans de la Nouvelle-Calédonie contournent d'une manière si indécente, est souvent d'une telle longueur, qu'ils en attachent l'extrémité à la corde qui est autour de leur cou : plusieurs portaient à cette corde de petits grains d'une pierre néphrétique d'un vert pâle, qui est de la même espèce que celle de Tanna, et presque semblable à celle de la Nouvelle-Zélande ; quelques-uns avaient sur leur tête des bonnets cylindriques noirs, d'une natte très-grossière, entièrement ouverts aux deux extrémités, et de la forme d'un bonnet de hussard : ceux des chefs étaient ornés de petites plumes rouges ; de longues plumes noires de coq en décoraient la pointe. A leurs oreilles, dont l'extrémité est étendue jusqu'à une longueur prodigieuse, et dont tout le cartilage est fendu comme à l'île de Pâques, ils suspendent une grande quantité d'anneaux d'écaille de tortue, ainsi que les insulaires de Tanna, et ils mettent dans le trou un rouleau de feuilles de canne à sucre. Ils sont d'une grande stature et bien proportionnés, d'une figure intéressante, et d'un châtain foncé ; ils ont la barbe et les cheveux noirs, et si frisés, que plusieurs individus paraissent laineux.

» Dès que je leur eus fait entendre que nous avions besoin d'eau, les uns nous montrèrent l'est, et d'autres l'ouest. Mon ami se chargea de nous conduire, et s'embarqua avec nous.

Nous rangeâmes la côte vers l'est l'espace d'environ deux milles, et nous la vîmes presque partout couverte de mangliers. Nous entrâmes à travers ces arbres dans une crique étroite, ou rivière, qui nous porta au pied d'un petit village au-dessus des mangliers; là nous débarquâmes, et l'on nous montra une source d'eau douce. Le sol des environs était très-bien cultivé, planté de cannes à sucre et de bananiers, d'ignames et d'autres racines, et arrosé par de petits canots conduits avec art depuis le principal ruisseau qui avait sa source dans la montagne. Du milieu de ces belles plantations s'élevaient des cocotiers dont les rameaux épais ne paraissaient pas fort chargés de fruits. Nous entendîmes le chant des coqs, mais nous n'en vîmes aucun. Les habitans cuisaient alors des racines dans une jarre de vingt à trente pintes; nous ne doutâmes point que ce vase de terre ne fût de leur propre fabrique. Comme nous remontions la crique, M. Forster tira un canard qui volait au-dessus de nous; ce fut le premier usage que ce peuple nous vit faire de nos armes. Mon ami le demanda; et quand nous mîmes à terre, il raconta à ses compatriotes de quelle manière cet oiseau avait été tué.

» M. Forster répéta la même expérience, afin de leur donner par ces innocens moyens une idée de notre puissance. La rivière n'ayant pas plus de quarante pieds de large, nous débarquâmes sur ses bords, élevés d'environ deux pieds au-dessus de l'eau. Nous y vîmes des familles d'insulaires : les femmes et les enfans vinrent familièrement autour de nous , sans montrer la moindre marque de défiance ou de mauvaise volonté. Le teint des femmes était en général de la même couleur que celui des hommes , et leur stature moyenne ; quelques-unes étaient grandes , leurs formes un peu grossières et robustes. A voir leur vêtement qui les défigurait beaucoup , on les croyait accroupies ; c'était un jupon court , composé de filamens ou de cordelettes d'environ huit pouces de long , repliées plusieurs fois autour de la ceinture ; les cordelettes étaient placées les unes au-dessus des autres , en différentes rangées qui formaient autour du corps une espèce de couverture de chaume qui ne cachait pas plus d'un tiers de la cuisse : elles étaient quelquefois teintes en noir ; mais communément les extérieures étaient seules de cette couleur, tandis que les autres étaient couleur de paille sale. Ces femmes portaient , de même que les hommes , des coquillages et des morceaux de jade comme pendans d'oreilles ; d'autres avaient trois lignes noires qui se prolongeaient longitudinalement de la lèvre inferieure jusqu'au bas du menton. Ce tatouage avait été fait de la même manière qu'aux îles des Amis et de la Société.

» Le 6 nous eûmes la visite de quelques centaines d'Indiens ; les uns arrivaient dans des pirogues , et les autres à la nage ; ils avaient dans chacune des feux qui brûlaient sur des pierres. Bientôt les ponts et toutes les parties du vaisseau en furent pleins. Mon ami, qui était du nombre, m'apporta des racines; tous les autres n'avaient avec eux aucune sorte de provisions. Des femmes accompagnaient les hommes; mais elles ne vinrent point à bord. Quelques-uns qui étaient armés de massues et de dards, échangèrent ces armes pour des clous, des pièces d'étoffe, etc. Après le déjeuner, j'envoyai deux canots armés aux ordres du lieutenant Pickersgill, pour découvrir une source d'eau douce; car celle que nous avions trouvée le jour précédent ne pouvait nous convenir en aucune manière. Dans le même temps, M. Wales et le lieutenant Clerke, allèrent sur la petite île faire les préparatifs nécessaires pour observer l'éclipse de soleil qui devait arriver l'après-midi. M. Pickersgill revint bientôt à bord pour m'informer qu'il y avait sur la petite île un ruisseau d'eau douce, où les canots arriveraient très-commodément : aussitôt on mit la chaloupe en mer pour remplir les futailles, et je me rendis ensuite sur l'île, afin d'être un des observateurs.

» L'éclipse commença vers une heure après midi ; des nuages ne nous permirent point d'en observer le commencement, et nous perdîmes le premier contact : nous fûmes plus heureux pour la fin.

» La latitude de l'île ou du lieu de l'observation est de 20° 17′ 39″ sud ; la longitude de 164° 41′ 21″ à l'est. Nos observations finies, nous retournâmes à bord, où était le chef Téabouma, qui bientôt après quitta le vaisseau sans que je m'en aperçusse , et par-là perdit le présent que je voulais lui faire.

» Ayant le 6 mis à terre à l'endroit où nous débarquâmes la veille , nous longeâmes la grève, qui était sablonneuse et bornée par un hallier épais ; nous atteignîmes bientôt une cabane, d'où des plantations se prolongeaient derrière la grève et le bois : nous parcourûmes ensuite un canal qui arrosait les plantations , mais dont l'eau était très-saumâtre. De là nous gravîmes une colline qui était près de nous, et où le pays paraissait changé ; la plaine était revêtue d'une couche légère de sol végétal sur lequel on avait répandu des coquilles et des coraux brisés pour le marner, parce qu'il était très-sec. L'éminence , au contraire, était un rocher composé de gros morceaux de quartz et de mica ; il y croissait des herbes d'environ deux ou trois pieds de haut ; mais elles étaient fréquemment très-clair-semées; et à quarante-cinq ou soixante pieds les uns des autres , nous vîmes de grands arbres noirs à la racine, qui avaient une écorce parfaitement blanche , et des feuilles longues et étroites comme nos saules. Ils étaient de l'espèce que Linné appelle *melaleuca leucadendra* , et Rumphius , *arbor alba*. Ce dernier écrivain dit que les habitans des Moluques tirent l'huile de cayputi des feuilles, qui sont extrêmement odorantes ; on n'apercevait pas le moindre arbrisseau sur cette colline , et la vue se portait fort loin , sans être interceptée par les bois. Nous distinguâmes de là une ligne d'arbres et d'arbustes touffus qui se prolongeaient du bord de la mer vers les montagnes.

» Nous gagnâmes bientôt le ruisseau où l'on remplissait nos futailles. Les bords étaient garnis de mangliers, au delà desquels un petit nombre d'autres plantes et d'arbres occupaient un espace de quinze ou vingt pieds, où une couche de terreau végétal humide produisait un gazon de la plus belle verdure sur laquelle l'œil aimait à se reposer après avoir contemplé un canton brûlé et stérile. Les arbrisseaux et les arbres qui bordaient la côte nous offrirent des richesses en histoire naturelle. Nous trouvâmes des plantes inconnues, et nous y vîmes une grande variété d'oiseaux de différentes classses qui, pour la plupart, étaient entièrement nouveaux ; mais le caractère des naturels, et leur conduite amicale à notre égard, nous causèrent plus de plaisir que tout le reste : le nombre de ceux que nous aperçûmes était peu considérable, et leurs habitations très-éparses : nous rencontrions communément deux ou trois maisons situées près les unes des autres sous un groupe de figuiers élevés, dont les branches étaient si bien entrelacées, que le ciel se montrait à peine à travers le feuillage : une fraîcheur agréable entourait toujours les cabanes. Cette charmante position leur procurait un autre avantage, car des milliers d'oiseaux voltigeaient continuellement au sommet des arbres, où ils se mettaient à l'abri des rayons brûlans du soleil. Le ramage de quelques grimpereaux produisait un concert charmant, et causait un vif plaisir à tous ceux qui aiment cette musique simple. Les habitans eux-mêmes s'asseyaient communément au pied de ces arbres, qui ont une qualité remarquable : de la partie supérieure de la tige ils poussent de larges racines, aussi rondes que si elles étaient faites au tour : elles s'enfoncent en terre à dix, quinze et vingt pieds de l'arbre, forment un cordeau très-droit, extrêmement élastique, et aussi tendu que la corde d'un arc au moment que le trait va partir. Il paraît que c'est de l'écorce de ces arbres que les habitans tirent les petits morceaux d'étoffe qui leur servent de pagnes.

» Ils nous apprirent quelques mots de leur langue, qui n'avait aucun rapport avec celle des autres îles. Leur caractère était doux et pacifique, mais très-indolent : ils nous accompagnaient rarement dans nos courses. Si nous passions près de leurs huttes, et si nous leur parlions, ils nous répondaient; si nous poursuivions notre route sans leur adresser la parole, ils ne faisaient pas attention à nous. Les femmes étaient cependant un peu plus curieuses; elles se cachaient dans des buissons écartés pour nous observer; mais elles ne consentaient à venir près de nous qu'en présence des hommes.

» Ils ne parurent ni fâchés ni effrayés de nous voir tuer des oiseaux à coups de fusil; au contraire, quand nous approchions de leurs maisons, les jeunes gens ne manquaient pas de nous en montrer, pour avoir le plaisir de les voir tirer; il semble qu'ils étaient peu occupés à cette saison de l'année; ils avaient préparé la terre et planté des racines et des bananes dont ils attendaient la récolte l'été suivant; c'est peut-être pour cela qu'ils étaient moins en état que dans un autre temps de vendre leurs provisions; car d'ailleurs nous avions lieu de croire qu'ils connaissent ces principes d'hospitalité qui rendent les insulaires du grand Océan si intéressans pour les navigateurs.

» Ce même soir, vers les sept heures, mourut notre boucher, homme estimé dans le vaisseau; en tombant, le jour précédent, du haut de l'écoutille, il s'était blessé mortellement.

» Le 7, de très bonne heure, le piquet de l'aiguade et un détachement de soldats de marine aux ordres d'un officier furent envoyés à terre. Bientôt après je m'embarquai avec plusieurs autres personnes pour prendre une vue générale du pays. Dès que nous fûmes à terre, nous fîmes comprendre notre dessein aux insulaires, et deux d'entre eux s'offrirent pour nous servir de guides; ils nous conduisirent sur les montagnes par des chemins assez praticables. Dans la route, nous rencontrâmes des Indiens qui pour la plupart vinrent avec nous; de sorte que notre cortége se trouva enfin très - nombreux. Quelques-uns parurent désirer que nous retournassions sur nos pas; mais nous n'eûmes aucun égard à leurs signes, et nous ne remarquâmes point qu'ils fussent mécontens de nous voir poursuivre notre route. Après avoir atteint le sommet d'une des montagnes, nous aperçûmes en deux endroits, entre quelques montagnes avancées, la mer à un côté opposé à celui où nous avions mouillé, c'est-à-dire au sudouest de la terre. Cette découverte nous était d'autant plus utile, qu'elle nous faisait juger de la largeur de l'île, qui dans cette partie, n'excédait pas dix lieues.

» Parmi ces montagnes avancées et la chaîne sur laquelle nous étions est une grande vallée dans laquelle serpente une rivière. Ses bords sont ornés de diverses plantations et de quelques villages dont nous avions rencontré les habitans sur notre route, et que nous trouvâmes en plus grand nombre au sommet de la chaîne; d'où vraisemblablement ils observaient le vaisseau. La plaine ou le terrain uni qui s'étend le long de la rive de notre mouillage se présentait, à cette hauteur, sous l'aspect le plus avantageux : les sinuosités des ruisseaux qui l'arrosent, des plantations, de petits villages, la variété des groupes dans les bois, et les îlots au pied de la côte diversifiaient tellement la scène, qu'il n'est pas possible d'imaginer un ensemble plus pittoresque. Sans le sol fertile des plaines et des flancs des collines, la contrée entière n'offrirait qu'un point de vue triste et stérile. Les montagnes et d'autres endroits élevés ne sont pour la plupart susceptibles d'aucune culture. Ce ne sont proprement que des masses de rochers dont plusieurs renferment des minéraux. Le peu de terre qui les couvre est desséché, ou brûlé par les rayons du soleil; cependant il y croît une herbe grossière et d'autres plantes, et çà et là s'élèvent des arbres et des arbustes. Le pays, en général, ressemble beaucoup à quelques cantons de la Nouvelle - Hollande situés sous le même parallèle : plusieurs des productions naturelles paraissent y être les mêmes, et les forêts y manquent de broussailles comme dans cette île. Les récifs sur la rive, et d'autres objets de ressemblance frappèrent tous ceux qui avaient vu les deux pays. Nous observâmes que toute la côte nord - est était remplie d'écueils et de brisans qui s'étendent au delà de l'île de Balabéa à perte de vue. Après avoir fait toutes ces remarques, nos guides ne se souciant pas d'aller plus loin, nous descendîmes les montagnes par un chemin différent de celui que nous avions suivi pour y monter. Ce dernier nous conduisit dans la plaine, à travers des plantations dont la distribution très-judicieuse annonçait beaucoup de soin et de travail. On voyait des champs en jachère, quelques-uns récemment défrichés, et d'autres qui depuis long-temps étaient en état de culture, et qu'on recommençait à fouiller. J'ai observé que la première chose qu'ils font pour défricher un terrain, c'est de mettre le feu aux herbes qui en couvrent la surface. Ils ne connaissent d'autres moyens pour rendre au sol épuisé sa première fertilité que de le laisser quelques années en jachère. Cet usage est général chez tous les peuples de cette mer. Ils n'ont aucune

idée des engrais ; du moins je n'en ai jamais vu
d'employés.

» Le rocher, partout de la même nature,
était un mélange d'une espèce de mica et de
quartz, dont la teinte rougeâtre plus ou moins
foncée provenait de particules ferrugineuses. A
mesure que nous avancions vers le haut des
montagnes, la grosseur et la hauteur des arbres
diminuaient, excepté dans quelques vallées profondes, où coulaient de petits ruisseaux qui fer-
tilisaient tellement le terrain, que les plantes y
croissaient avec vigueur. Près du sommet d'une
colline, nous nous arrêtâmes pour examiner des
pieux fichés çà et là en terre : des branchages
et des arbres secs traversaient ces pieux. Les
naturels nous dirent qu'ils enterraient les morts
sur cette colline, et que les pieux indiquaient
les endroits où ils avaient déposé les corps. Les
insulaires nous voyant d'ailleurs fatigués de la
chaleur excessive, et altérés, nous apportèrent des cannes à sucre ; mais je ne puis pas
concevoir comment ils purent les trouver sitôt ,
car nous n'en aperçûmes point, et rien ne nous
donna lieu de penser qu'il en croissait dans le
voisinage. Les sommets des collines, presque
entièrement stériles, offraient toujours la même
espèce de pierre ; ce qui semble indiquer que
la Nouvelle - Calédonie contient des minéraux
précieux : leur hauteur ne paraît pas fort considérable ; elle doit être inférieure à celle de la
montagne de la Table, au cap de Bonne-Espé-
rance, qui, suivant l'abbé de La Caille, est de

trois mille trois cent cinquante pieds du Rhin.

» A midi, nous étions de retour de cette excursion : l'un de nos guides nous avait quittés, mais nous retînmes les autres à bord pour diner, et nous récompensâmes leur fidélité à peu de frais. Nous trouvâmes un grand nombre de naturels qui examinaient chaque partie du vaisseau, et qui vendaient leurs massues, leurs piques et leurs ornemens. L'un d'eux était prodigieusement grand ; il paraissait avoir au moins six pieds cinq pouces : le bonnet noir cylindrique qu'il portait l'exhaussait encore de huit pouces.

» Ils commençaient à recevoir dans le commerce nos grands clous; mais, voyant les taquets et les anneaux de fer auxquels les cordages étaient attachés, ils montrèrent un grand désir d'en avoir. Ils n'essayèrent jamais de nous voler la moindre bagatelle, et ils se comportèrent avec beaucoup d'honnêteté. Plusieurs vinrent à la nage de la côte, éloignée de plus d'un mille : ils tenaient d'une main leur morceau d'étoffe brune hors de l'eau, et de l'autre ils fendaient les flots en élevant une pique ou massue, qui n'était pourtant pas de casuarina, parce que cette espèce est trop pesante pour être portée de cette manière.

» L'après-midi, Forster continua ses courses. Nous trouvâmes, dit-il, sur la grève une grande masse irrégulière de rochers de dix pieds cubes, d'une amphibole d'un grain serré, étincelant partout de grenats un peu plus gros que des têtes d'épingles ; cette découverte nous persuada davantage que cette île renferme des minéraux précieux : dans la partie que nous avions déjà reconnue, elle différa de toutes celles que nous avions examinées en ce qu'elle n'offrait point de productions volcaniques. Après nous être enfoncés dans les bois très-épais qui bordent la côte de toutes parts, nous y rencontrâmes de jeunes arbres à pain qui n'étaient pas encore assez gros pour porter du fruit ; mais ils semblaient être venus sans culture : ce sont peut-être des arbres indigènes dans cette île. J'y recueillis aussi une espèce de fleur de la passion : on croyait que cette fleur ne se trouvait qu'en Amérique. Je me séparai de mes compagnons : je parvins à un chemin creux et sablonneux, rempli des deux côtés de liserons et d'arbrisseaux odorans, et qui paraissait avoir été le lit d'un torrent ou d'un ruisseau : il me conduisit à un groupe de deux ou trois huttes environnées de cocotiers. A l'entrée de l'une d'elles j'observai un homme assis, tenant sur son sein une petite fille de huit ou dix ans dont il examinait la tête : il fut d'abord surpris de me voir ; mais, reprenant bientôt sa tranquillité, il continua son opération : il avait à la main un morceau de quartz transparent ; et comme l'un des bords de ce quartz était tranchant, il s'en servait au lieu de ciseaux pour couper les cheveux de la petite fille. Je leur donnai à tous les deux des grains de verroterie noire, dont ils semblèrent fort contens. Je me rendis alors aux autres cabanes, et j'en trouvai deux placées si près l'une de l'autre, qu'elles renfermaient un espace d'environ dix pieds carrés, entouré en partie de haies. Trois femmes, l'une d'un moyen âge, la seconde et la troisième un peu plus jeunes, allumaient du feu sous un grand pot de terre : dès qu'elles m'aperçurent, elles me firent signe de m'éloigner ; mais, voulant connaître leur méthode d'apprêter les alimens, je m'approchai. Le pot était rempli d'herbes sèches et de feuilles vertes, dans lesquelles elles avaient enveloppé de petits ignames : ces racines sont donc cuites dans ce pot à peu près de la même manière qu'à Taïti, dans un trou rempli de terre et de pierres chaudes. Ce fut avec peine qu'elles me permirent d'examiner leur pot ; elles m'avertirent de nouveau par signes de m'en aller ; et, montrant les cabanes, elles remuèrent leurs doigts à différentes reprises sous leur gosier : je jugeai que, si on les surprenait ainsi seules dans la compagnie d'un étranger, on les étranglerait ou on les tuerait. Je les quittai donc, et je jetai un coup d'œil furtif dans les cabanes, qui étaient entièrement vides. En regagnant le bois je rencontrai le docteur Sparrman ; nous retournâmes vers les femmes, afin de les revoir, et de me convaincre si j'avais bien interprété leurs signes. Elles étaient toujours au même endroit ; nous leur offrîmes tout de suite des grains de verroterie qu'elles acceptèrent avec de grands témoignages de joie ; elles réitérèrent cependant

les signes qu'elles avaient faits quand j'étais seul :
elles semblèrent même y joindre la prière et
les supplications ; afin de les contenter , nous
nous éloignâmes à l'instant. Quelque temps
après nous rejoignîmes le reste de nos compagnons ; et, comme nous avions soif, je demandai de l'eau à l'homme qui coupait les cheveux
de la petite fille ; il me montra un arbre auquel
pendaient une douzaine de coques de cocos
remplies d'eau douce qui nous parut un peu
rare dans ce pays : nous retournâmes à l'aiguade par terre et en chaloupe. Chemin faisant
je tuai plusieurs des oiseaux curieux dont l'île
est remplie , et entre autres une espèce de cor-
neille commune en Europe. Il y avait à l'aiguade un nombre considérable de naturels :
quelques-uns, pour un petit morceau d'étoffe
de Taïti, nous portèrent, en sortant de la chaloupe ou en y entrant, l'espace de cent vingt
pieds, parce que l'eau était trop basse pour
que les canots vinssent jusque sur le rivage :
nous y aperçûmes des femmes qui, sans craindre les hommes, se mettaient au milieu de la
foule, et s'amusaient à répondre aux caresses
et aux avances des matelots. Elles les invitaient
communément derrière des buissons ; mais dès
que les amans les suivaient, elles s'enfuyaient
avec tant d'agilité, qu'on ne pouvait les attraper. Elles prenaient ainsi plaisir à déconcerter
leurs adorateurs, et elles riaient de bon cœur
toutes les fois qu'elles leur jouaient ce tour.

» Les travailleurs et la garde retournèrent à

terre comme à l'ordinaire. L'après-midi l'officier de garde informa le capitaine que le chef Téabouma était venu avéc un présent d'ignames et de cannes à sucre. Il lui envoya en retour deux jeunes chiens, un mâle et une femelle. Le chien est blanc, tacheté de feu, et la chienne a le poil entièrement roux, ou de la couleur d'un renard d'Angleterre. On rapporte cette particularité, parce que ces deux chiens pourront très-bien propager leur espèce dans cette contrée. Ce chef ne pouvait d'abord se persuader qu'on lui donnât les deux chiens; dès qu'il en fut convaincu, il parut transporté de joie, et à l'instant même il les conduisit à son habitation.

» Le 10, deux canots se rendirent à l'île de Balabéa; le chef, appelé *Téaby*, et les habitans qui s'étaient assemblés sur le rivage, afin de voir les Européens, leur firent l'accueil le plus obligeant. Néanmoins, pour n'être point trop pressés par la foule, les officiers tirèrent une ligne, et avertirent les insulaires de ne point passer outre. Ils se conformèrent à cette défense, et bientôt après l'un d'eux sut la tourner à son avantage : il avait quelques cocos qu'un des nôtres voulut lui acheter, et qu'il ne jugeait pas à propos de vendre. S'étant retiré, et se voyant suivi par l'acheteur, il s'assit sur le sable, traça autour de lui un cercle, comme il l'avait vu faire aux gens de l'équipage, et signifia à celui qui l'importunait de ne point dépasser sa ligne de démarcation : on souscrivit à ses intentions. Comme ce fait a été bien attesté, je ne l'ai pas cru indigne de trouver place dans ce journal.

» L'aspect de cette île vers l'extrémité nord-ouest est assez semblable à la partie qui faisait face à notre mouillage; mais elle est plus fertile, plus cultivée, et couverte d'une plus grande quantité de cocotiers.

» L'un des naturels qui accompagnaient les canots à Balabéa s'appelait *Boubik*; il était très-facétieux, et à cet égard fort différent de la plupart de ses compatriotes : il parla d'abord beaucoup à nos gens; mais ensuite les vagues s'élevant et inondant le bateau, il devint silencieux, et se glissa dans la couverture de la chaloupe pour se mettre à l'abri des vagues et dissiper le froid que le vent produisait sur son corps nu. Comme il n'avait point pris de provisions, la faim le pressa tout à coup, et il reçut avec reconnaissance ce qu'on lui donna.

» Les naturels de cette île sont exactement de la même race que ceux de la Nouvelle-Calédonie; leur caractère est aussi doux; ils vendirent volontiers leurs armes pour de petits ouvrages de fer ou des étoffes de Taïti.

» Le détachement se retira le soir sous des buissons, et, après avoir grillé le poisson qu'il avait acheté, il soupa. Quelques naturels restèrent avec M. Pickersgill, et parlèrent d'une grande terre qu'ils disaient être au nord, et qu'ils appelaient *Mingha*, dont les habitans étaient leurs ennemis, et fort adonnés à la guerre. Ils indiquèrent aussi un tertre, ou *tumulus* sépulcral, où était enterré un de leurs chefs tué par un naturel de Mingha. Comme quelques-uns des matelots rongeaient des os de bœuf sur la fin du souper, les Indiens se mirent à causer entre eux d'un ton fort haut et avec agitation; ils regardaient nos gens d'un air surpris et dégoûté; enfin ils s'en allèrent tous ensemble, témoignant par des signes qu'ils soupçonnaient les étrangers de manger de la chair humaine. M. Pickersgill essaya de les détromper; mais il ne put se faire entendre: cela eût été d'autant plus difficile, que les insulaires n'avaient jamais vu de quadrupèdes en vie. »

Forster fut très-affligé de ce qu'une maladie l'eût mis hors d'état d'être de ce voyage. A cette occasion il fait une remarque bien humiliante pour la plupart de ses compagnons de voyage. « Nos recherches, dit-il, rencontraient des obstacles dans ceux-mêmes qui auraient dû nous donner toutes sortes de secours. Les sciences et la philosophie ont toujours été méprisées des ignorans, et nous avons partagé cette disgrâce sans murmurer. Mais comme nous ne pouvions pas acheter avec de l'or la bienveillance de chaque petit tyran, on nous empêchait de profiter des observations des autres. Des faits connus de tous ceux qui nous entouraient restaient des mystères impénétrables pour nous. Il est extraordinaire sans doute que des hommes occupés de sciences, envoyés

sur un vaisseau appartenant à la nation la plus
éclairée de la terre, soient privés des moyens
d'étendre les connaissances, et qu'on emploie
pour les contrarier des expédiens dignes de
barbares; mais sûrement le voyageur qui visite
les ruines de l'Égypte et de la Palestine n'essuie
pas plus d'obstacles de la part des Bédouins et
des Arabes que nous n'en avons éprouvé:
chaque recherche de minéralogie que nous
entreprenions de faire semblait contenir un
trésor qui devenait l'objet de l'envie. Sans
quelques personnes, dont le caractère généreux et l'amour désintéressé pour les sciences
ranimaient notre courage, nous aurions probablement succombé sous cette malveillance
que les ordres positifs du capitaine Cook ne
pouvaient pas toujours réprimer. »

« Comme le chef Téabouma n'avait point re-
paru depuis qu'il avait reçu les deux chiens en
présent, et que je désirais, continue Cook,
laisser sur cette terre de quoi y produire une
race de cochons, j'embarquai dans ma chaloupe un mâle et une femelle, et j'allai à la
crique des mangliers pour y trouver mon
ami, afin de les lui donner. Mais en y arrivant,
on nous dit qu'il était dans l'intérieur de l'île,
et qu'on allait le chercher. Je ne sais si l'on
prit cette peine; mais ne le voyant pas arriver, je résolus de mettre les cochons à la garde
du plus distingué des insulaires qui étaient
présens. Apercevant l'Indien qui nous avait
servi de guide sur la montagne, je lui fis en-

tendre que je me proposais de laisser les deux cochons sur le rivage, et j'ordonnai qu'on les fît sortir de la chaloupe. Je les présentai à un grave vieillard, dans la persuasion que je pouvais les lui confier avec sûreté; mais, secouant la tête, il me fit signe, ainsi que tous les autres, de reprendre les cochons dans le canot, parce qu'il en était épouvanté. Il faut convenir que la forme de ces quadrupèdes n'est pas attrayante, et ceux qui n'en ont jamais vu ne doivent pas prendre du goût pour eux. Comme je persistais à les leur laisser, ils parurent délibérer ensemble sur ce qu'ils devaient faire, et ensuite notre guide me dit de les envoyer à l'ériki. Nous nous fîmes conduire à l'habitation de ce chef, que nous trouvâmes assis dans un cercle de huit ou dix personnes d'un âge mûr. Dès que je fus introduit avec mes cochons, on me pressa très-civilement de m'asseoir, et alors je leur vantai l'excellence des deux quadrupèdes, et je m'efforçai de leur persuader combien la femelle leur donnerait, en une seule fois, de petits, qui venant eux-mêmes à se multiplier, leur en produiraient un nombre considérable. J'exagérais ainsi la valeur de ces animaux pour engager ces Indiens à les nourrir avec le plus grand soin, et je crois qu'à cet égard je réussis pleinement. Dans cet intervalle, deux personnes qui avaient quitté la compagnie revinrent avec six ignames, qu'elles me présentèrent. Je pris ensuite congé d'eux, et je revins à bord.

» L'après-midi je retournai à terre, où, sur

un grand arbre voisin de l'aiguade et proche
du rivage, je fis graver une inscription contenant le nom du vaisseau, la date de notre
arrivée, etc., comme un témoignage que nous
avons les premiers découvert cette contrée :
j'ai observé cette formalité sur toutes les nouvelles terres que nous avons reconnues. Nous
congédiâmes nos amis et retournâmes au vaisseau; et je fis hisser nos canots à bord, dans
le dessein d'être prêts le lendemain à reprendre la mer. »

Tout était disposé pour le départ, en sorte
qu'on leva l'ancre le 13 septembre, après avoir
passé sept jours et demi dans ce havre. « Mais,
observe Forster, dès le troisième jour, nous
nous étions empoisonnés en mangeant un
poisson, et nous perdîmes ainsi l'occasion de
profiter de notre relâche : au moment du départ nous n'étions pas entièrement guéris;
nous ressentions encore de violens maux de
tête, des douleurs spasmodiques dans tout le
corps, et nous avions des boutons aux lèvres.
Notre faiblesse, qu'augmentait de plus en plus
la privation des nourritures fraîches, nous
empêcha de nous livrer à nos occupations ordinaires.

» C'est ainsi que nous quittâmes une île située dans la partie la plus occidentale du grand
Océan, éloignée seulement de douze degrés de
la Nouvelle-Hollande, et habitée par une race
d'hommes très-différens de ceux que nous
avions vus jusqu'alors. Comme ils sont proches

de la côte de la Nouvelle-Hollande, on pourrait supposer cependant qu'ils ont la même origine que le peuple de ce continent; mais, en comparant les relations des voyageurs qui ont abordé sur ces côtes, les habitans des deux contrées n'ont point de ressemblance entre eux, et leurs vocabulaires sont absolument différens.

» Après avoir rangé toute la côte septentrionale de la Nouvelle-Calédonie, nous avons jugé qu'il n'y a pas plus de cinquante mille âmes sur une rive de près de deux cents lieues de longueur. Le pays ne paraît pas propre à la culture dans la plupart des cantons; la plaine étroite qui l'environne est remplie de marais jusqu'au rivage, et couverte de mangliers : il est difficile de dessécher cette partie avec des canaux; le reste de la plaine est un peu plus élevé, mais d'un sol si aride, qu'il faut l'arroser par des rigoles. Derrière s'élèvent plusieurs collines revêtues d'une terre sèche et brûlée, où croissent çà et là quelques espèces d'herbes chétives, le cayputy et des arbrisseaux. De là, vers le centre de l'île, les montagnes intérieures, presque entièrement dépouillées de terre végétale, n'offrent qu'un mica rouge et brillant, et de gros morceaux de quartz. Ce sol ne peut pas produire beaucoup de végétaux : il est même surprenant qu'il en porte autant qu'on y en voit. Ce n'est que dans quelques parties de la plaine que les bois sont remplis d'arbrisseaux, de liserons, de fleurs et d'arbres touffus. Nous étions frappés de ce contraste entre

la Nouvelle-Calédonie et les Nouvelles-Hébrides, où le règne végétal brille dans toute sa
splendeur : la diversité du caractère des deux
peuples ne nous étonna pas moins. Tous les naturels des îles du grand Océan, si on en excepte ceux que Tasman trouva à Tongatabou
et à Anamocka, essaient de chasser les étrangers qui abordent sur leur côte. Ceux de la
Nouvelle-Calédonie, au contraire, nous reçurent comme amis : dès la première entrevue,
ils montèrent sur notre vaisseau sans la moindre marque de défiance ou de crainte, et ils
nous permirent d'errer librement dans leur
pays.

» Comme la nature a répandu ses faveurs
avec réserve sur cette île, il est très-étonnant
que les habitans, au lieu d'être sauvages, dé-
fians et guerriers comme à Tanna, soient paisibles, bienveillans et peu soupçonneux. Ce
qui n'est pas moins remarquable, en dépit de
la stérilité de tout le pays, et du peu de secours
qu'ils tirent des végétaux pour se nourrir, ils
sont plus gros et plus grands, et leur corps est
plus nerveux : peut-être qu'il ne faut pas chercher uniquement dans la diversité des nourritures les causes de la différence de stature et de
taille des nations. La race primitive d'où descend ce peuple peut y avoir contribué. Suppo-
sons, par exemple, que les naturels de la Nouvelle-Calédonie viennent d'une nation qui, vi-
vant dans l'abondance et sous un heureux
climat, avait pris une forte croissance; la co-

lonie qui s'est établie sur le mauvais sol de cette
île conservera probablement, pendant plusieurs générations, l'habitude de corps de ses
ancêtres. Le peuple de Tanna a peut-être subi
une révolution contraire, et s'il descend d'une
race petite et grêle, telle que celle des Mallicolais, la richesse de son île n'a peut-être pas
encore pu changer ces germes primitifs de faiblesse.

» Les Indiens de la Nouvelle-Calédonie sont
les seuls du grand Océan qui n'aient pas à se
plaindre de notre arrivée parmi eux. Quand,
d'après les nombreux exemples cités dans ce
voyage, on considère combien il est aisé de
provoquer la violence des marins qui se jouent
si légèrement de la vie des Indiens, on doit
avouer qu'il leur a fallu un degré extraordinaire de douceur pour ne pas attirer sur eux
un seul acte de brutalité.

» La simplicité des insulaires doit régner aussi
dans le gouvernement. Téabouma, chef du canton vis-à-vis de notre mouillage, vivait comme
le reste de ses compatriotes : ils ne lui donnaient aucune marque extérieure de déférence;
la seule chose qui annonçât quelques égards de
leur part, c'est qu'ils lui remirent les présens
que leur fit M. Pickersgill à la première entrevue. Les cantons voisins sur lesquels ne s'étendait point l'autorité de Téabouma ont probablement leurs chefs particuliers, ou peut-être
que chaque famille est gouvernée par le père.

» Nous n'avons rien remarqué qui semblât

avoir un rapport même éloigné à la religion, et nous n'avons observé aucune coutume qui offrît la moindre apparence de superstition. Leurs idées sur ces matières sont vraisemblablement aussi simples que le reste de leur caractère. Nous avons vu quelques-uns de leurs cimetières : sans doute des cérémonies accompagnent leurs funérailles, mais nous ne les connaissons pas.

» Nous longeâmes la côte de l'île depuis le 14 jusqu'au 23, et nous donnâmes à sa pointe sud-est le nom de *promontoire de la Reine Charlotte*; et à une autre pointe moins avancée, celui de *cap du Promontoire*. On découvrit sur ce dernier un grand nombre de pointes très-élevées et des terres basses. Nous ne pouvions pas nous accorder sur la nature de ces objets. Je supposais que c'était une espèce singulière d'arbres, par la raison qu'ils étaient très-nombreux, et que d'ailleurs une grande quantité de fumée sortit tout le jour de leur centre, près du promontoire. Nos philosophes, » dit le capitaine, pensaient que c'était la fu- » mée d'un feu interne et perpétuel. » Je leur représentai que le matin il n'y avait point eu de fumée dans cette même place; car ce feu, prétendu éternel, cessa avant la nuit; et depuis on n'y en aperçut plus.

» Depuis le 13 jusqu'au 28, nous naviguâmes parmi les rochers qui bordent la Nouvelle-Calédonie. Le 23, après avoir reconnu son extrémité sud-est, nous nous trouvâmes au milieu d'îles basses très-nombreuses, couvertes de grands arbres; puis nous découvrîmes une île plus grande, que je nommai *l'île des Pins*, à cause du grand nombre d'arbres de cette espèce que nous y aperçûmes, et qui de loin représentaient des colonnes. J'étais déjà bien las de suivre une côte qu'il était difficile de reconnaître plus loin sans m'exposer au risque évident d'un naufrage qui ferait perdre tout le fruit de cette expédition. Je ne pouvais cependant me résoudre à l'abandonner avant d'avoir reconnu les arbres qui avaient été le sujet de nos conjectures, et que nos naturalistes avaient persisté à régarder comme des colonnes de basalte. Ils semblaient d'ailleurs offrir d'excellens bois de construction; et comme nous n'en n'avions vu nulle part que sur la partie méridionale de cette terre, cette circonstance piquait davantage notre curiosité. Après avoir couru une bordée au sud pour doubler les écueils que nous avions de l'avant, je portai donc au nord, espérant trouver un ancrage sous le vent de quelques petites îles où croissent ces arbres. Vers les huit heures, nous nous trouvâmes en vue des brisans qui s'étendent entre l'île des Pins et le promontoire de la Reine Charlotte; les sondes furent en ce moment de cinquante-cinq à quarante et trente-six brasses, fond de sable fin. Plus nous approchions de ces écueils, plus ils semblaient se multiplier, et nous n'apercevions aucun passage entre les deux terres.

» Comme nous n'étions que de quelques milles au vent des îles basses situées sous le cap, nous fîmes voile pour atteindre la moins éloignée. A mesure que nous l'approchâmes, nous découvrîmes qu'elle n'était pas liée avec les écueils des environs, et que probablement nous pourrions mouiller sous le vent de cette île, ou sur son côté occidental. Je me dirigeai donc vers cette île, d'après l'indication d'un officier placé au haut du mât. Après bien des difficultés, nous parvînmes à y mouiller; on mit aussitôt un canot dehors : je m'y embarquai avec les botauistes, et nous descendîmes sur l'île. Nous trouvâmes que les gros arbres étaient des pins très-propres pour des esparres dont nous avions besoin. Leurs branches croissaient autour de la tige, en formant de petites touffes; mais elles avaient rarement dix pieds de longueur; elles étaient minces en proportion. Ce fait bien constaté, nous nous hâtâmes de revenir à bord, afin d'avoir plus de temps l'après-midi. Nous retournâmes sur l'île avec deux canots, où s'embarquèrent plusieurs officiers, le charpentier et les ouvriers qui devaient choisir les arbres qui nous étaient nécessaires. Tandis qu'on coupait les arbres, je pris les relèvemens de plusieurs terres autour de nous, et je déterminai la vraie direction de la côte, depuis le promontoire jusqu'à la pointe sud de la Nouvelle-Calédonie, que j'appellerai *le cap du Prince de Galles*. Son gisement est par 22° 29′ de latitude sud, et par 170° 57′ de longitude à l'est. Ce cap est d'une hauteur considérable ; et quand on commence à le découvrir sur l'horizon, il se présente comme une île. De cette pointe, la côte court vers le nord-ouest.

» La petite île sur laquelle nous débarquâmes n'est proprement qu'un banc de sable, qui n'a pas plus de trois quarts de mille de tour. Elle produit, outre les pins, l'arbre que les Taïtiens nomment *eto*, et beaucoup d'autres, ainsi que des arbustes et des plantes. Nos botanistes ne manquèrent pas d'occupation ; et c'est ce qui me la fit appeler *l'île de la Botanique*. On y compta trente espèces de plantes, dont plusieurs sont nouvelles. Le sol est très-sablonneux sur les côtes ; mais il est mêlé, dans l'intérieur, de terre végétale : c'est l'effet des feuilles des arbres et des plantes qui y tombent continuellement en pouriture.

» On y trouva des serpens aquatiques, des pigeons et des tourterelles différentes en apparence de toutes celles que nous avions vues. Un des officiers tira un faucon pareil à ceux qu'on trouve sur les côtes d'Angleterre, et nous prîmes une nouvelle espèce de gobe-mouche. Les débris de quelques feux, des branchages, des feuilles encore fraîches, et des restes de tortue annonçaient que ce canton avait été visité récemment par les Indiens. Une pirogue, précisément de la forme de celles de Balabéa, était échouée sur le sable. Nous ne fûmes plus en peine de savoir quels arbres ces Indiens employaient à la construction de leurs canots ; ils se servent sûrement des pins. Sur cette petite île, il s'en trouvait de vingt pouces de diamètre, et de soixante à soixante-dix pieds de haut. On aurait fort bien pu en faire un mât pour *la Résolution*, s'il eût été nécessaire. Puisque des arbres de cette taille croissent dans une aussi petite île, il est probable qu'il y en a de plus gros sur la principale terre et sur des îles plus grandes; nous pouvons même l'assurer, si nous n'avons pas été déçus par les apparences.

» Je ne connaissais alors aucune île du grand Océan, à l'exception de la Nouvelle-Zélande, où un vaisseau pût mieux se fournir de mâts et de vergues. Ainsi la découverte de cette terre est précieuse, ne fût-ce qu'à cet égard. Mon charpentier, qui n'était pas moins habile à faire un mât qu'à travailler à la construction d'un vaisseau, pensait que ces arbres donneraient de très-bons mâts. Le bois en est blanc, le grain serré, dur et léger. La térébenthine était sortie de la plupart des branches; le soleil l'avait épaissie en une résine attachée au tronc et autour des racines. Ces arbres poussent leurs branches comme les pins d'Europe, avec cette différence que leurs branches sont plus courtes et plus petites : de sorte que les nœuds deviennent à rien quand la tige est façonnée par le travail. J'observerai que les plus grands de ces arbres avaient les branches plus petites et plus courtes, et que leur cime ressemblait à un rameau qui était terminé par

une touffe. C'était là ce qui les avait fait prendre d'abord, avec aussi peu de fondement,
pour des colonnes de basalte par M. Forster :
il est vrai qu'on ne pouvait guère s'attendre à
trouver de pareils arbres sur cette terre. La
semence est dans des cônes : nous n'en vîmes.
aucun qui en renfermât, du moins dans un
état propre à la reproduction. Outre ces arbres, on en rencontra un autre de l'espèce des
sapins ; mais il est très-petit, et c'est moins un
arbre qu'un arbrisseau. Nous rencontrâmes
encore sur cette île une espèce de cresson et
une plante grasse (*tetragonia*), qui, étant
bouillie, se mange comme des épinards.

» L'objet pour lequel nous étions venus
mouiller près de cette île étant rempli, il ne
restait plus qu'à fixer la route que je voulais
prendre.

» Nous avions eu, du haut des mâts, une vue
de la mer autour de nous, et observé qu'à
l'ouest elle était entièrement semée d'îlots, de
bancs de sable et de brisans qui s'étendaient
aussi loin que l'horizon. Tous ces écueils étaient.
séparés par des canaux sinueux ; mais en considérant que l'étendue de cette côte du sud-
ouest était déjà suffisamment déterminée, le
risque évident qu'il fallait courir pour achever
cette reconnaissance, et le temps qu'elle nous
aurait pris à cause des dangers multipliés qu'il
fallait éviter, m'empêchèrent de naviguer plus
loin au vent de ce nombre prodigieux de brisans qui pouvaient nous enfermer. La diffi-

culté d'en sortir nous aurait fait perdre la saison favorable pour naviguer au sud : je souhaitais alors d'avoir le petit bâtiment dont nous avions les couples à bord. J'avais songé à le faire construire durant notre dernier séjour à Taïti; mais on n'aurait pu exécuter cet ouvrage sans négliger le calfatage et les autres réparations dont *la Résolution* avait besoin, ou sans faire une plus longue relâche que ne le permettait la route que je projetais. Il était alors trop tard pour penser à la construction d'un pareil bâtiment, et s'en servir ensuite à la découverte de cette côte; et dans notre campagne au sud, il n'était d'aucune utilité.

» Nous appareillâmes le 30 au point du jour, et nous eûmes quelques bordées à courir pour doubler les écueils au vent de l'île de la Botanique; mais à peine en fûmes-nous dehors que le vent commença à nous manquer. A trois heures après midi, il y eut un calme absolu. La lame et le courant, de concert, nous poussaient au sud-ouest vers les brisans que nous avions encore en vue de ce côté. Ainsi nous fûmes dans de continuelles appréhensions jusqu'à dix heures, que le vent s'étant levé du nord-nord-ouest, nous gouvernâmes à l'est-sud-est; cette route était opposée à celle que nous voulions faire; mais nous n'osions pas gouverner au sud avant le jour.

» Le lendemain, 1er. octobre, à trois heures du matin, le vent passa au sud-ouest et souffla avec force et par rafales suivies de pluie.

Nous fûmes contraints de rester à la cape jusqu'au jour. Les vents soufflaient avec impétuosité du sud-sud-ouest, et la mer devint si grosse, que nous eûmes tout lieu de nous applaudir d'être sortis des écueils avant d'avoir été surpris par ce temps orageux. Quoique tout me fît penser que c'était la mousson de l'ouest, il était difficile de le croire. Premièrement, il s'en fallait encore de près d'un mois que la saison ne fût assez avancée pour ces vents : en second lieu, nous ne savions point si ces mêmes vents règnent jamais dans ces parages; et enfin il est très-ordinaire de voir les vents d'ouest souffler entre les tropiques. Néanmoins je n'avais jamais trouvé que ces vents soufflassent avec tant de violence, ni si loin au sud. Quoi qu'il en soit, il ne nous restait d'autre parti que de faire route au sud-est, et c'est aussi ce que je fis. A midi, nous avions perdu de vue la terre.

» Les vents impétueux continuèrent, sans presque aucun changement, jusqu'au lendemain à midi; alors on eut un faible vent du sud et de grosses lames de cette même direction. On vit des compagnies de pailles-en-cul, de fous et de frégates.

» Le 3, vers les huit heures du matin, le vent passa au sud-ouest par rafales, reprit sa première impétuosité, et fut accompagné de grains. Je perdis alors toute espérance de nous rallier de la terre que nous venions de quitter. En considérant la vaste étendue de mer que nous

avions à parcourir au sud, l'état du vaisseau,
et le défaut d'approvisionnemens de première
nécessité que je commençais à ressentir ; que
d'ailleurs nous touchions à l'été de cette partie
du globe, et que tout accident un peu considérable pourrait nous retenir encore une autre
année dans cette mer, je ne pensai point qu'il
fût prudent d'essayer de nouveau de regagner
la terre. La nécessité nous contraignit donc
pour la première fois de quitter une côte que
j'avais découverte sans l'avoir entièrement reconnue. Je nommai cette terre *la Nouvelle-Calédonie* ; elle est peut-être, la Nouvelle-Zélande
exceptée, la plus grande île de l'Océan, elle a
environ quatre-vingt-sept lieues de long ; mais
sa largeur n'est pas considérable, et rarement
elle excède dix lieues. C'est une contrée tout
entrecoupée de montagnes de différentes hauteurs, qui laissent entre elles des vallées plus
ou moins profondes. De ces montagnes, s'il
est permis de juger du tout par les parties que
nous avons vues, sortent une infinité de sources, dont les eaux qui serpentent dans les plaines, portent partout la fertilité, et fournissent
aux besoins des habitans. Les sommets de la
plupart de ces montagnes semblent stériles,
quoique les flancs soient couverts de bois par-
ci par-là, comme le sont les vallées et les plaines. La terre étant ainsi coupée de montagnes,
plusieurs parties de la côte, vues dans l'éloignement, paraissent dentelées ; on croirait
qu'il se trouve de grandes ouvertures entre les

montagnes. Cependant, en serrant le rivage, nous avons toujours reconnu que la terre est continue, mais basse, et formant une lisière qui règne le long de la côte, entre le rivage et le pied des montagnes. C'est du moins ce que nous observâmes partout où nous approchâmes de la grève; et il est probable qu'il en est de même sur toute la côte. Je la crois encore entièrement, ou pour la plus grande partie, défendue par des récifs, des basses et des brisans qui en rendent l'accès très-difficile et très-périlleux, mais qui servent à la mettre à l'abri de la violence des vents et de la fureur des flots, à assurer aux pirogues une navigation aisée et une pêche abondante, et à former probablement de bons ports pour le mouillage des vaisseaux. La majeure partie de la côte, sinon le tout, est habitée, sans en excepté l'île des Pins; car le jour nous y vîmes de la fumée, et la nuit des feux de tous les côtés. Dans l'étendue que j'ai donnée à cette île je comprends les terres rompues ou isolées qui sont au nordouest. Je ne nie pas que ces différentes côtes ne puissent être liées par des terres basses; cependant je pense que ce sont des îles, et que la Nouvelle-Calédonie finit celle qui est le plus au sud-est; mais j'avertis que mon opinion n'est fondée que sur les apparences, et je ne la donne que comme une conjecture.

» Soit que ces terres forment des îles ou qu'elles soient liées à la Nouvelle-Calédonie, il n'est point du tout certain que nous ayons déterminé leur étendue à l'ouest. Je penche même à ne pas le croire, puisque les écueils ne se terminaient point avec la terre que nous avions en vue, et qu'ils conservaient leur direction dans le nord-ouest, au delà de la route de Bougainville, sous la latitude de 15 degrés ou 15 degrés et demi ; et même il est assez probable qu'une chaîne de bancs de sable et de récifs peut s'étendre à l'ouest jusqu'à la Nouvelle-Galles méridionale. L'étendue orientale des îles et des brisans au large de cette côte, entre les 15 et 23e. degrés de latitude, ne nous est pas connue. La ressemblance des deux contrées, la batture de Diane reconnue par Bougainville à soixante lieues environ de la côte, les indices qu'il eut de la terre dans le sud-est ; tout, en un mot, tend à accroître cette probabilité. J'avoue que c'est pousser un peu loin la conjecture de dire que cette chaîne d'îles et de brisans se continue l'espace d'environ deux cents lieues ; mais cela devient en quelque manière indispensable, ne fût-ce que pour mettre les navigateurs futurs sur leurs gardes.

» Tant que nous fûmes le long de la côte du nord-est, les courans portaient au sud-est et à l'ouest ou au nord-ouest de l'autre côté ; mais leur effet n'est pas bien sensible, et peut-être encore faut-il autant l'attribuer à l'effet de la marée qu'à des courans réguliers. Dans les canaux étroits qui séparent les bancs, et dans ceux qui communiquent à la mer, les marées sont très-fortes ; cependant elles ne font pas monter les eaux à plus de trois pieds et demi. »

Forster finit la description de ces terres par les remarques suivantes : « La côte méridionale de la Nouvelle-Calédonie n'a point encore été examinée. Nous avons reconnu la direction de sa côte nord ; mais ses productions animales, végétales et minérales sont encore inconnues, et offrent un vaste champ au naturaliste. L'aspect des pins ou plutôt des cyprès, dans la partie de l'est, semble prouver que la nature du sol et les minéraux y sont absolument différens de ceux de Balabéa, que nous avions examinés en courant ; et d'après ce que nous avons vu sur la petite île sablonneuse de la Botanique, des espèces nouvelles de plantes doivent y couvrir la terre, et de nouveaux oiseaux habiter les bois : ainsi les navigateurs pourront un jour compléter nos découvertes, et employer plus de temps à examiner les richesses de cette contrée. Différens espaces du grand Océan ne se trouvent pas compris dans les routes des premiers vaisseaux, tels, par exemple, que les parages entre le parallèle du 6e. degré de latitude sud et la ligne, dans toute l'étendue de l'Océan, de l'Amérique à la Nouvelle-Bretagne, ceux qui sont entre les 10e. et 14e. degrés sud, et les 140e. et 160e. degrés ouest, entre les 30e. et 20e. degrés sud, et les 140e. et 175e. degrés ouest ; enfin l'espace entre la plus méridionale des îles des Amis et la Nouvelle-Calédonie, et celui qui est entre la Nouvelle-Calédonie et la Nouvelle-Hollande.

La route de Surville est la seule qui se trouve entre ces deux pays ; mais la Nouvelle-Guinée, la Nouvelle-Bretagne et toutes les terres voisines demandent à être examinées plus en détail. Quand on aura bien parcouru tous ces parages du grand Océan, la partie septentrionale de la même mer exigera plusieurs voyages avant d'être reconnue en entier.

» Le 10 octobre 1774, *la Résolution*, dans sa route vers la Nouvelle-Zélande, découvrit une île assez haute et d'environ cinq lieues de circuit ; on la nomma *l'île de Norfolk*. Elle est inhabitée ; plusieurs grands rochers brisés s'avancent de tous les côtés dans la mer : les roches de cette île sont le calcaire jaune commun que nous avions trouvé à la Nouvelle-Zélande. On y trouve des petits morceaux de lave poreuse, rougeâtre, qui semblaient rongés de vétusté. Les plantes y croissent vigoureusement sur une couche de terreau noir, que les débris de végétaux pourris y accumulent depuis des siècles.

» Nous reconnûmes, observe le capitaine Cook, beaucoup d'arbres et de plantes qui croissent à la Nouvelle-Zélande, et spécialement le phormium, dont la végétation est ici infiniment plus vigoureuse que sur l'autre terre ; mais la principale production est une espèce de pin qui est très-abondante. Ces arbres ont la tige droite et très-haute, et il en est plusieurs que deux personnes peuvent à peine embrasser. Ce pin est une espèce

moyenne entre ceux de la Nouvelle-Zélande et
de la Nouvelle-Calédonie. Le feuillage diffère
en quelque chose des uns et des autres : le bois
n'en est pas si dur que celui des premiers, ni
si léger, ni d'un grain si serré que celui des
seconds. Dans un espace d'environ six cents
pieds, à partir du rivage, le terrain est tellement fourré d'arbrisseaux et de plantes, que
ce n'est qu'avec peine qu'on parvient à pénétrer dans l'intérieur. Les bois sont entièrement
libres et dégagés d'arbrisseaux : le sol paraît
fertile et profond.

» Nous y trouvâmes la même espèce de pigeons, de perruches, de perroquets qu'à la
Nouvelle-Zélande, des râles et des petits oiseaux. On y voyait aussi des poules d'eau, des
fous blancs, des mouettes, etc., qui se multi-
plient et vivent dans un doux repos sur le rivage de la mer, et dans les creux des rochers.
Ces oiseaux produisaient un concert charmant
dans ce coin de terre désert.

» Cette île a des sources d'eau douce : le sol
y produit en abondance des choux-palmistes,
de l'oseille sauvage, du laiteron, de la bacille
ou fenouil marin ; toutes ces plantes croissent
en quantité sur le rivage ; nous rapportâmes
à bord toutes celles que le temps nous permit
de cueillir. Les palmistes ne sont pas plus gros
que la jambe d'un homme, et n'ont guère que
de dix à vingt pieds d'élévation. Ils sont de la
classe du cocotier ; comme eux, ils ont de grandes feuilles empennées ; c'est le même palmier

que celui de la seconde espèce, trouvée dans la partie septentrionale de la Nouvelle-Galles méridionale.

» En quittant l'île de Norfolk, je fis route pour la Nouvelle-Zélande, mon intention étant de toucher au port de la Reine Charlotte pour rafraîchir l'équipage et mettre le vaisseau en état de soutenir la navigation des hautes latitudes méridionales.

» Le 17, au point du jour, nous eûmes la vue du mont Egmont, couvert d'une neige éternelle; l'aspect de cette montagne, située à la côte occidentale de la Nouvelle-Zélande, et qui forme la pointe nord du détroit de Cook, est majestueux; les collines voisines ressemblent à des mondrains; la base s'aplatit peu à peu ; elle forme enfin de tous côtés une plaine étendue, et son sommet se termine en une petite pointe. D'après l'espace qu'occupe la neige, on suppose que sa hauteur n'est guère inférieure à celle du pic de Ténériffe.

» Nous mouillâmes pour la troisième fois dans l'anse appelée *Ship-cove*, dont nous étions partis onze mois auparavant. La vue des différens objets qui avaient déjà frappé nos regards nous causait une sensation agréable, malgré l'aspect sauvage de la contrée : l'espoir de rétablir notre santé et de réparer nos forces nous inspirait une gaieté extraordinaire : quoique des pluies fréquentes et des coups de vent nous fatiguassent, nous nous trouvions heureux d'être sur les côtes de la Nouvelle-

Zélande. La saison n'était pas avancée dans ce climat rigoureux : rien n'annonçait encore la verdure du printemps.

» Après midi on ne put point lever l'ancre ; j'allai avec la seine dans l'anse pour essayer d'y prendre du poisson. En descendant sur le rivage je songeai d'abord à visiter l'endroit où, à mon départ la dernière fois, j'avais laissé une bouteille qui renfermait des instructions pour *l'Aventure*. Elle avait été enlevée ; mais était-ce par les insulaires ou par l'équipage du capitaine Furneaux ?

» Le bruit des mousquets annonça notre arrivée ; les insulaires parurent, et nous hélèrent ; mais à mesure que nous approchâmes de leurs habitations, ils se retirèrent tous dans les bois, à l'exception de deux ou trois qui restèrent les armes à la main sur une éminence près du rivage. Au moment de la descente, ils nous reconnurent. La joie prit alors la place de la crainte, les autres insulaires accoururent, et nous embrassèrent en frottant leurs nez contre les nôtres à la manière du pays : ils sautèrent et dansèrent autour de nous de la manière la plus extravagante ; mais j'observai qu'ils ne permirent pas à des femmes que nous voyions dans l'éloignement de venir près de nous. On leur fit présent de haches, de couteaux, de clous, des étoffes de Taïti que nous avions dans le bateau ; ils nous donnèrent en retour une grande quantité de poissons. Parmi ces Indiens il s'en trouvait peu que nous recon-

nussions. Je leur demandai pourquoi ils avaient
paru nous craindre ; ils répondirent d'une manière si ambiguë, que tout ce que nous y pûmes comprendre, c'est qu'il était question de
meurtre.

» Ils avaient des vêtemens vieux, déchirés
et sales. Leurs cheveux flottaient en désordre ;
ils exhalaient au loin la puanteur. Je remarquai
qu'après nous avoir parlé de batailles et de
morts, ils nous demandaient de temps en temps
si nous étions fâchés, et ils semblaient douter
de la sincérité de nos protestations d'amitié.
Nous craignîmes qu'il ne fût arrivé une dispute
entre les naturels et l'équipage de quelque vaisseau européen : le sort de *l'Aventure* nous in-
quiétait : nous employâmes tous les moyens
possibles pour gagner la confiance des naturels ;
et nous y réussîmes.

» Le 25, de très-bonne heure, nos amis se
rendirent à bord, conformément à leur pro-
messe de la veille : ils avaient avec eux quantité de beaux poissons, qu'ils échangèrent pour
des étoffes de Taïti.

» L'un d'eux, d'un moyen âge, qui semblait
être le principal personnage de cette petite
troupe, nous dit qu'il s'appelait *Piteri* ; il nous
témoigna plus d'amitié que les autres. Nous les
quittâmes en admirant leur courage, qui dé-
daignait de se cacher au moment où ils craignaient que nous ne profitassions de notre supériorité de nombre ; nous ignorions alors
combien ils avaient lieu de craindre notre res-

sentiment, ce qui donne encore plus d'éclat à leur bravoure.

» Ce chef revint, le 6 novembre, nous vendre du poisson. Nous l'entendîmes souvent chanter à terre, et quelquefois à bord, ainsi que le reste des naturels. Leur musique est beaucoup plus variée que celle des îles de la Société et des îles des Amis. Je crois que les insulaires de Tanna peuvent seuls entrer en concurrence avec eux sur ce point. Le lieutenant Burney a noté celle-ci; elle suffira pour donner une idée du goût de ce peuple : elle surpasse de beaucoup les misérables bourdonnemens des Taïtiens, et les quatre notes du peuple des Amis.

» Ils chantent les deux premières mesures de ce ton jusqu'à ce que les paroles de leurs chansons soient près de finir, et alors ils finissent avec la dernière. Quelquefois ils chantent en second dessus, qui est d'une tierce plus bas, excepté les deux dernières notes qui sont à l'unisson.

» M. Burney y a remarqué aussi une espèce de chant funèbre sur la mort de Topia. Les Zélandais des environs de la baie Tolaga semblaient avoir beaucoup de respect pour ce Taïtien. Les paroles sont d'une simplicité extrême,

mais elles paraissent symétriquement arran-
gées, et par la lenteur de leurs mouvemens
elles expriment l'affliction des pleureurs.

Aghi, matteaouhay, Topaya !
Parti, mort hélas, Topaya !

» Dans les premières effusions de chagrin,
on ne babille point : on n'est occupé que de sa
perte, et cette seule idée prend la forme de la
plainte. Je ne prétends pas décider si la simplicité du ton est agréable et bien imaginé.

» A la finale, ils descendent d'ut à l'octave
d'en bas, par une progression qui ressemble à
celle d'un doigt qui glisse le long d'une corde
sur le manche du violon.

» Les naturels nous apportèrent chaque jour
une quantité de poissons assez grande pour en
saler une partie : on en remplit plusieurs futailles, qui servirent de provision durant notre
traversée de cette île à la Terre du Feu, et qui
se conservèrent très - bien. Nous eûmes soin
d'embarquer aussi les oiseaux que nous pouvions trouver, afin de ne manquer le plus long-
temps possible de nourritures fraîches.

» Dans les trois relâches que nous fîmes à
la Nouvelle-Zélande, le pays nous fournit des
rafraîchissemens qui dissipèrent tous les symp-

tômes du scorbut et ranimèrent nos forces. Le poisson fut pour nous un aussi bon restaurant que les plantes anti - scorbutiques : l'air vif qu'on ressent, durant les beaux jours, dans ce pays, ne contribua pas peu à raffermir nos fibres relâchées par une longue campagne dans des climats plus chauds ; et l'exercice que nous y fîmes nous fut d'ailleurs avantageux à plusieurs égards. Nous arrivâmes sur cette côte pâles et défaits ; mais la santé reparut bientôt sur nos visages. Si les naturels ont une grande stature, s'ils sont nerveux et bien proportionnés (1), il faut l'attribuer en partie à la pureté de l'air et à la simplicité de leurs alimens, qui sont faciles à digérer. Plusieurs circonstances semblent prouver que le poisson est assez abondant sur leurs côtes pour les nourrir toute l'année ; car nous avons observé des amas prodigieux de poissons secs pour l'hiver. »

Sitôt que le vaisseau fut réparé, le 10 novembre 1774, on débouqua par le détroit de Cook, et l'on fit route vers la Terre du Feu.

« Nous commençâmes cette navigation, dit Forster, avec plus de gaieté que la dernière campagne que nous avions faite au sud : d'ailleurs les vents d'ouest qui dominent dans ces latitudes étaient en notre faveur ; nous savions que les travaux et les fatigues de notre long voyage approchaient de leur fin. Nous nous croyions déjà hors de tout danger : l'espérance

_____

(1) Il en faut excepter leurs jambes, qui sont mal faites, à cause de leur manière de s'asseoir.

de revoir l'Europe après tant de périls et de
peines semblait nous inspirer une nouvelle
ardeur.

» Le 12 à midi, on aperçut un poisson extraordinaire de l'espèce des baleines : quelques
personnes l'appelèrent *un monstre de mer.* Il
était long d'environ soixante pieds ; il avait la
tête oblongue et écrasée, creusée en dessus de
deux sillons longitudinaux, auxquels correspondaient deux proéminences ; deux petites
ouvertures en demi-lune lui servaient à jeter
l'eau. Il était partout tacheté de blanc ; deux
grandes nageoires s'élevaient derrière la tête ;
il n'en avait aucune sur le dos. Ce poisson semble inconnu jusqu'à présent. L'après-midi les
pétrels damiers commencèrent à paraître.

Les vents d'ouest soufflèrent avec une violence surprenante : les lames étaient d'une extrême grosseur, et quelquefois de plusieurs centaines de pieds de longueur ; le roulis du vaisseau devenait extrêmement désagréable quand
le vent venait de l'arrière. On dit communément que l'inclinaison d'un vaisseau, dans le roulis le plus fort, ne surpasse jamais vingt degrés :
nous l'observâmes de plus de trente degrés, et
M. Walès l'observa ensuite de plus de trente-
huit. Quoique *la Résolution* fût un lourd voi-
lier, nous fîmes un jour plus de quarante lieues.

» Le 27 novembre, nous étions par 55° 6′ de
latitude australe, et 138° 56′ de longitude ouest.
Je renonçai alors à tout espoir de rencontrer
une terre dans cette partie de l'Océan, et je

me décidai à faire voile directement vers l'entrée occidentale du détroit de Magellan, dans le dessein de ranger la côte méridionale de la Terre du Feu jusqu'au détroit de Le Maire, en doublant le cap de Horn. Comme cette côte est imparfaitement connue, je pensai qu'en la prolongeant je rendrais un plus grand service à la géographie et à la navigation que par tout ce que je pouvais espérer de trouver dans une latitude plus haute. L'après - midi le vent souffla par rafales, et enleva le grand mât de perroquet.

» Le 17 décembre, on aperçut la terre par 51° 21′ sud, et environ 77° ouest. Durant toute notre navigation, le temps avait été singulièrement orageux et froid.

» J'ai enfin terminé avec l'océan Pacifique méridional. Je me flatte que personne ne pensera que je ne l'ai pas suffisamment exploré, ou que, dans un voyage ayant pour but de l'examiner, l'on aurait pu faire plus que nous n'avons fait dans le nôtre.

» La Terre du Feu offre l'aspect le plus sauvage, le plus stérile et le plus désolé que j'aie jamais vu. Elle semble entièrement composée de rochers et de montagnes, sans la moindre apparence de végétation. Ces montagnes se terminent par des précipices horribles, dont les bords escarpés s'élèvent à une hauteur prodigieuse. Les montagnes de l'intérieur étaient couvertes de neige; celles de la côte en étaient dégagées. Nous jugeâmes que les premières appartenaient au corps de la Terre du Feu, et que les autres étaient des îles rangées de manière à présenter l'apparence d'une côte continue. »

Le 21 décembre on arriva sur la rade de Noël (*Christmas-Sound*). Dès le lendemain, Cook envoya les lieutenans Clerke et Pickersgill, et quelques autres officiers examiner et lever le plan d'un canal voisin d'une île près de laquelle on était mouillé, puis s'embarqua sur un canot, accompagné de MM. Forster et du docteur Sparrman, afin de reconnaître les parties septentrionales du passage. Il est très-spacieux, et environné au nord et à l'est par plusieurs rangées de hautes montagnes.

« La roche, observe Forster, est une espèce de schiste jaunâtre, disposé en couches horizontales, et couvert d'un lit de terreau. Nous cueillîmes, sur une des îles de la baie où était mouillé le bâtiment, quelques plantes nouvelles, et nous trouvâmes sur la côte une nouvelle espèce de gobe-mouches, qui se nourrit de coquillages et de vers, et qui a un bec beaucoup plus fort que ne l'ont communément les oiseaux de ce genre. Des branches d'arbres composaient toute la charpente des huttes des insulaires, des feuilles vertes les recouvraient, preuve que les habitans les avaient quittées depuis peu. L'aspect horrible et sauvage de ce canal nous fit supposer, en y entrant, que les habitans de la Terre du Feu ne descendent jamais sur cette côte, et qu'ils se bornent à rôder autour du détroit de Magellan.

» Après avoir pris les relèvemens nécessaires, ajoute Cook, nous doublâmes l'extrémité orientale de l'île que nous venions de visiter, jusqu'à une côte que nous prîmes pour celle de la Terre du Feu, où nous trouvâmes un très-beau havre environné de rochers escarpés et fort hauts, sur les flancs desquels coulaient plusieurs ruisseaux très-limpides : au pied des rochers croissaient des bouquets d'arbres qui n'étaient bons qu'à brûler.

» Ce havre, que je distinguerai par le nom de *Bassin du Diable*, est divisé en deux parties, l'une intérieure, l'autre extérieure : elles communiquent de l'une à l'autre par un canal étroit. La havre intérieur est très-sûr, mais extrêmement sombre. L'élévation prodigieuse des âpres rochers qui l'entourent le prive, même pendant le jour, des rayons du soleil. Le havre extérieur a aussi un peu de cet inconvénient; mais il est beaucoup plus clair que l'autre; il est d'ailleurs plus commode sans être moins sûr. Je découvris encore un bon mouillage à l'ouest de ce havre, devant un courant d'eau qui sort d'un lac ou d'un grand réservoir, entretenu constamment par une cascade qui s'y précipite.

» En quittant cette plage, nous longeâmes la côte à l'ouest, et nous aperçûmes d'autres havres que je n'eus pas le temps d'examiner; on trouve dans tous de l'eau douce et du bois à brûler; mais, excepté de petites touffes d'arbrisseaux, tout le pays est un rocher nu, cou-

damné par la nature à une stérilité éternelle.
Les îles basses, et même quelques-unes des
plus hautes qui sont dispersées çà et là au fond
et au bas du canal, sont la plupart couvertes
d'arbustes et d'herbages. Le sol, espèce de
tourbe noir et humide, a été évidemment formé de végétaux tombés en putréfaction.

» J'eus occasion de vérifier ce que nous avions
observé en mer; savoir, que la côte est composée d'un certain nombre d'îles grandes et petites, et que tous les goulets qu'on remarque
sont formés par la jonction de plusieurs pas-
sages; c'est du moins ce que nous vîmes ici.

» Les bords inférieurs du Bassin du Diable
étaient bordés d'arbres plus grands que tous
ceux que nous avions dans les environs. Un
nombre prodigieux d'oiseaux perchés sur chaque branche chantaient autour de nous à
l'éclat du soleil. Ils étaient d'espèces très-différentes; mais, ne connaissant pas les hommes,
ils se juchaient si près de nous, qu'il était impossible de les tirer. Beaucoup de mousses, de
fougères et de liserons croissaient entre les arbres, et nous embarrassaient dans notre
marche.

» Parmi différens canards sauvages que nous
trouvâmes dans un autre port où nous débarquâmes, nous en vîmes un de la grosseur d'une
oie, qui courait sur la surface de la mer avec
une vitesse étonnante, en battant les flots de
ses ailes et de ses pieds. Son mouvement était
si vite, qu'il fut impossible de le tirer; dans la

suite nous vînmes à bout d'en tuer quelques-
uns : cet oiseau ressemblait au canard, excepté
par sa grosseur et l'extrême brièveté de ses ailes. Il avait un plumage gris et un petit nombre
de plumes blanches, le bec et les pieds jaunes,
et deux grandes bosses calleuses nues, de la
même couleur, à la jointure de chaque aile :
nos matelots l'appelèrent *cheval de course*, à
cause de sa vitesse ; mais aux îles Falkland, les
Anglais lui ont donné le nom de *canard lour-
daud :* de grosses mouettes faisaient leurs nids
dans des herbes sèches sur une des îles.

» Nous eûmes le bonheur de descendre sur
une île entièrement couverte d'un arbousier
chargé de fruits rouges de la grosseur de petites cerises aigrelettes et douces : ces fruits
étaient très-bons à manger. Les rochers de la
même île, jusqu'au bord de l'eau, étaient remplis
de grosses moules, meilleures que des huîtres.
Au milieu des roches sauvages de cette contrée, nous dînâmes de ces fruits, de ces coquillages, et de quelques morceaux de biscuit et
de bœuf salé.

» Nous aperçûmes peu de gibier pendant
cette expédition : nous ne tuâmes qu'un canard,
deux ou trois nigauds, et à peu près autant de
râles ou de pies de mer. L'autre canot était
arrivé quelques heures avant nous : il avait
rencontré deux havres, tous les deux sûrs et
commodes ; l'accès en paraissait pourtant un
peu embarrassé.

» En faisant le tour de l'extrémité méridio-

nale de l'île située en face du bord, je remarquai qu'une grande quantité de nigauds font
leurs nids dans les fentes des rochers. Nous en
tuâmes plusieurs des vieux, mais nous ne pûmes pas approcher des jeunes. Une multitude
innombrable de ces oiseaux construisent leurs
nids tout près les uns des autres ; l'instinct leur
a appris à choisir pour cela l'endroit où les rochers font une saillie au-dessus de la mer, et
les plus perpendiculaires, afin que, si les petits
tombent, ils ne se blessent point et culbutent
dans l'eau. Le schiste dont les rochers sont composés dans cette partie de l'île n'est pas très-
dur ; il est cependant surprenant que ces oiseaux aient pu y faire des trous, et en agrandir
assez les cavités naturelles pour que leurs petits
y trouvent des places suffisantes : ces nigauds
retournaient toujours à leurs nids dès que nous
avions tiré un coup de fusil, et s'envolaient si
pesamment, que nous ne trouvions pas beaucoup de difficulté à les tirer au vol. Les Fran-
cais les ont appelés *nigauds* aux îles Falkland,
à cause de leur stupidité, qui paraît si grande,
qu'ils ne peuvent apprendre à éviter la mort.

» Sur la côte est de l'île nous aperçûmes des
oies ; à peine eûmes-nous débarqué que nous
en tuâmes trois. Elles étaient remarquables par
la différence de couleur entre le mâle et la
femelle. Le jar était un peu moindre qu'une oie
ordinaire apprivoisée, et parfaitement blanc,
excepté les pieds, qui étaient jaunes, et le bec,
qui était noir. La femelle, au contraire, était

noire, et avait des barres blanches en travers, une tête grise, quelques plumes vertes. Cette différence est heureuse pour la femelle, car étant obligée de conduire ses petits, sa couleur plus brune la cache aux faucons et aux autres oiseaux de proie.

» A neuf heures du soir nous fûmes de retour à bord : M. Pickersgill, qui venait d'y arriver, m'apprit que la terre opposée à notre mouillage était une île dont il avait fait le tour ; que sur une autre plus au nord, il avait trouvé des œufs d'hirondelle de mer, et qu'en dehors de la grande île, entre la côte et la pointe est, il y a une anse dans laquelle il avait vu des oies : il tua une mère et de petits oisons.

» Ce rapport de M. Pickersgill nous engagea à entreprendre le lendemain deux parties de chasse : M. Pickersgill et ses camarades retournèrent sur le canot, et je m'embarquai avec MM. Forster et le docteur Sparrman dans la pinasse. Le lieutenant alla par le côté nord-est de la grande île, qui fut appelée *île des Oies*, et moi par le côté sud-ouest. Dès que nous fûmes au-dessous de l'île, nous aperçûmes dans les rochers une grande quantité de nigauds ; mais, sans perdre notre temps à les tirer, nous continuâmes notre route, et bientôt nous vîmes beaucoup d'autre gibier ; car au sud de l'île, le nombre des oies est prodigieux. Comme c'était la saison de la mue, la plupart changeaient de plumes, et ne pouvaient s'enfuir : un fort ressac rendit notre débarquement très-difficile ; il nous fallut ensuite traverser des rochers par de fort mauvais chemins ; de sorte que des centaines d'oies nous échappèrent ; quelques-unes s'envolèrent dans la mer, et d'autres dans l'ile. Nous en tuâmes ou primes cependant soixante-deux.

» Plusieurs cavernes profondes coupaient les rochers, et formaient des voûtes élevées souvent de cent pieds au-dessus de nos têtes ; le ressac se calmant par intervalle, nous pouvions entrer quelquefois dans ces retraites obscures avec le canot ; les oiseaux qui s'y trouvaient récompensaient bien notre peine. Plusieurs de ces antres avaient cent-vingt à cent cinquante pieds de longueur ; les rochers qui leur servaient de murailles étaient communément l'asile des nigauds, auxquels nous ne faisions alors aucune attention. Le schiste de ces rochers était aussi rempli de fentes et de crevasses énormes qui devenaient fatales aux oies : ces oiseaux trop lourds ayant rarement la force de traverser l'ouverture, tombaient, et nos matelots les prenaient en vie.

» Nous retournâmes à bord bien fatigués, et nous mangeâmes à souper une partie de ce que la chasse de la veille avait produit. M. Pickersgill et son détachement, arrivés quelque temps avant nous, avaient rapporté trois cents œufs d'hirondelles de mer et quatorze oies. Je pus ainsi en distribuer à tout l'équipage ; ce qui fit d'autant plus de plaisir aux matelots, que Noël approchait : sans cette heureuse rencontre, ils n'auraient eu pour régal que du bœuf et du porc salés.

» J'appris que les naturels, sur neuf pirogues, étaient venus le long du vaisseau, et que quelques-uns étaient montés à bord : il ne fut pas nécessaire de les presser beaucoup pour cela, car ils paraissaient fort bien connaître les Européens, et ils avaient plusieurs couteaux de fer.

» Le lendemain ils nous firent une autre visite : je m'aperçus qu'ils étaient de la même nation que j'avais vue autrefois dans la baie de Bon-Succès, et que Bougainville distingue sous le nom de *Pechereis*, mot que ces Indiens prononçaient à tout moment. Ils sont petits, laids et très-maigres ; ils ont les yeux fort petits et sans expression, les cheveux noirs et lisses, flottant en désordre et barbouillés d'huile ; ils n'avaient sur le menton que quelques poils clair-semés, et leur nez répandait continuellement du *mucus* dans leur bouche ouverte : toute leur figure annonçait la misère et la saleté la plus horrible. Leurs épaules et leur estomac sont larges et osseux, et le reste de leur corps est si mince et si grêle, qu'en voyant séparément ces différentes parties, nous ne pouvions croire qu'elles appartinssent à la même personne ; leurs jambes étaient arquées, et leurs genoux d'une largeur disproportionnée. Je n'en ai pas vu un seul de grand : ils étaient presque nus ; une peau de phoque leur servait de vêtement : quelques-uns en portaient deux ou trois cousues ensemble, de manière qu'elles formaient

un manteau qui descendait jusqu'au genou :
mais la plupart n'en avaient qu'une seule, assez
large pour couvrir leurs épaules ; les parties
inférieures du corps étaient absolument découvertes. On nous dit que les femmes se cachent
le milieu du corps avec un morceau de peau de
phoque, mais que d'ailleurs elles sont vêtues
comme les hommes. Elles restèrent dans les pirogues, ainsi que les enfans.

» Je remarquai de loin que ces femmes avaient
autour de leur cou un grand nombre de coquillages suspendus à un cordon de cuir, et que
leur tête était couverte d'une espèce de bonnet
composé de grandes plumes d'oies blanches,
placées toutes droites ; de sorte que cette parure ressemblait aux fontanges françaises du
dernier siècle. Leur teint naturel paraissait être
un brun olivâtre, luisant comme le cuivre, le
visage de plusieurs était bariolé de raies de
peinture rouge, et quelquefois blanche. J'observai deux enfans à la mamelle entièrement
nus : par-là on les endurcit dès leur naissance
à la fatigue et au froid. Les enfans ne prononçaient guère que le mot *pecherei*, que nous
prîmes quelquefois pour un terme de tendresse, et d'autres fois pour une expression de malaise ou de douleur. Ces Indiens avaient des
arcs, des traits et des dards, ou plutôt des
harpons d'os placés au bout d'un bâton : je
crois qu'avec ces armes ils tuent des phoques,
des poissons, et peut-être aussi des baleines,
comme le font les Esquimaux.

» Je leur fis donner du biscuit; mais je ne remarquai pas qu'ils l'aimassent autant qu'on me l'avait dit. L'instinct leur a peut-être appris que cet aliment n'est pas aussi bon pour eux que la viande de phoque pouri. Ils préféraient les médailles, les couteaux , etc. Il y avait dans chacune de leurs pirogues un feu autour duquel se serraient et se réchauffaient les femmes et les enfans : je ne puis pas supposer qu'ils portent du feu dans leurs canots uniquement pour cet usage ; c'est plutôt afin d'être toujours prêts à en allumer à terre, partout où ils débarquent ; car , quelle que soit leur méthode de s'en procurer quand ils n'en ont point, ils ne sont pas sûrs de trouver toujours du bois sec qui s'enflamme à la première étincelle. Ils ont aussi dans leurs pirogues de grandes peaux de phoques, que je jugeai destinées à les abriter quand ils sont en mer, et à couvrir leurs huttes à terre. Ils les employaient quelquefois comme des voiles. Leurs pirogues étaient très-grossières , et d'écorce d'arbres ; de petits bâtons servaient à maintenir la courbure de l'écorce ; leurs pagaies étaient mauvaises , et ils manœuvraient fort lentement : chaque canot contenait de cinq à huit personnes , y compris les enfans : bien différens de tous les insulaires du grand Océan, ils gardaient un profond silence en approchant du vaisseau. Ceux qui montèrent à bord ne témoignèrent pas la moindre curiosité : ils ne parurent charmés de rien ; ils acceptèrent des grains de verroterie sans reconnaissance et sans y mettre aucun prix ; ils nous abandonnèrent avec la même indifférence leurs armes et leurs peaux de phoques déchirées. Ils ne semblaient pas même remarquer notre supériorité sur eux, et nous ne surprîmes pas dans leurs regards ni dans leurs gestes un seul signe d'admiration à la vue de tous les objets que contient un vaisseau, toujours merveilleux aux yeux des sauvages. Tout en eux annonçait la stupidité et l'insouciance.

« Quelques-uns proférèrent un petit nombre de mots, outre celui de *pecherei*, dans lequel je remarquai beaucoup de consonnes et de gutturales, surtout le *ll* des Gallois (Fl.) : ils semblaient tous grasseyer fortement ; ce qui contribua à rendre inintelligible ce qu'ils disaient. Nous leurs fîmes envain les gestes que les plus misérables insulaires du grand Océan avaient aisément compris : ils ne montrèrent pas la moindre envie de nous instruire de leur leur langage ; et comme aucune de nos richesses n'excitait leurs désirs, ils ne prenaient pas de peine pour se faire comprendre.

» Toutes les personnes qui avaient été du voyage de *l'Endeavour* convinrent que les Indiens qu'ils avaient vus à la baie de Bon-Succès étaient plus à leur aise et plus heureux que ceux-ci : leur taille était plus haute ; ils portaient des bottines, ce qui rendait leur pied plus sûr ; enfin ils étaient plus communicatifs, et avaient des idées de civilité : ceux-ci, au contraire, étaient si stupides, si indolens et si misérables, qu'ils ne voulaient ou ne pouvaient point se préserver de la rigueur du temps : je ne puis pas imaginer un être plus misérable que celui qui est privé de raison au point d'être incapable de combiner de pareilles idées.

» Ces sauvages, en mangeant la chair de phoque pourie, préféraient la partie huileuse, et la seule attention qu'ils eurent pour les matelots, fut de leur en offrir. Tous les peuples des hautes latitudes aiment cette huile par instinct; on dit qu'elle réchauffe leur corps contre la rigueur du froid. Les vêtemens, les armes, les ornemens, les ustensiles, et tout le corps de ces sauvages, exhalaient une puanteur si insupportable, que nous ne pouvions demeurer long-temps parmi eux : les yeux fermés nous les sentions à une distance considérable. On aura peine à le croire, et cependant c'est un fait, ces mauvaises exhalaisons réprimèrent tellement les désirs des matelots les plus sales et les plus déterminés, qu'ils n'essayèrent pas de contracter des liaisons avec les femmes.

» Nous n'avons remarqué aucune espèce de subordination parmi ces sauvages : leur vie approche plus de celle des brutes que celle d'aucune autre nation. Il est très-probable que ce sont de malheureux proscrits de quelque tribu voisine qui mène une vie plus douce; et que, réduits à vivre dans cette partie sauvage de la Terre du Feu, ils ont insensiblement perdu toutes leurs idées, excepté celle que re-

nouvellent sans cesse les besoins les plus pres-
sans : ils errent peut-être cherchant de la
nourriture d'une baie ou d'un golfe à l'autre;
car nous avons lieu de croire qu'ils passent
leur hiver dans le canton le moins rigoureux
de cet horrible pays.

» Ils se retirèrent tous avant dîner, et ne
partagèrent pas notre régal de Noël : je crois
que personne ne les y invita, car leur saleté et
leur puanteur suffisaient pour ôter l'appétit à
l'Européen le plus vorace : c'eût été dommage
de ne pas profiter des nourritures fraîches que
nous avait fournies le hasard. On servit donc
des oies rôties et bouillies, des pâtés d'oies,
etc. Il nous restait encore quelques bouteilles
de vin de Madère, la seule de nos provisions
qui se fût améliorée en mer; de sorte que nos
amis d'Angleterre ne fêtèrent peut-être pas
Noël plus gaiement.

» Les matelots, ayant commencé cette fête
la veille, burent encore toute la journée du
26 : la plupart étaient morts-ivres; le capitaine les fit jeter dans les canots comme des
animaux, et on les mena à terre où ils repri-
rent leurs sens à l'air.

» Le capitaine Cook a donné à cette rade le
nom de *Noël*, à cause de cette fête que l'équipage y célébra. L'entrée, qui a trois lieues de
large, gît par 55° 27' de latitude sud, et 70°
16' de longitude ouest. Les îles Saint-Ildefonse,
éloignées de dix lieues dans le nord-est, sont
le meilleur indice pour la trouver. Il est inu-

tile de faire une description détaillée de ce canal; car peu de navigateurs en profiteraient. Toutes les anses et tous les havres offrent du bois, de l'eau douce et des oiseaux sauvages.

» Le 29, à six heures du matin on doubla le cap de Horn, et l'on quitta le grand Océan pour entrer dans l'Océan atlantique.

» Le 30, on passa le détroit de Le Maire. Le climat de la partie orientale de la Terre du Feu paraissait plus doux que celui de la côte que l'on venait de quitter. Les pentes des montagnes étaient moins escarpées ; elles se prolongeaient en promontoires aplatis et couverts de bois. L'on ne voyait de la neige que sur les plus hautes cimes. »

FIN DU VINGT-SIXIÈME VOLUME.

TABLE DES MATIÈRES

CONTENUES DANS CE VOLUME.

FIN DE LA TABLE.